웃으면서 끝내는

하하하 영문법 ❶

웃으면서 끝내는

하하하 영문법 ①

손 봉 돈 지음

살림

하하하!
유머에서 엄선한 150개의 영문법으로
웃으면서 영어를 마스터한다

10년간 영어를 배워도 영어가 어렵다는 당신께

우리나라의 연간 토플시험 응시인원은 세계 최대이지만 평균 점수는 215점으로 세계 93위에 그치고 있다고 합니다. 학교에서 10년간 영어를 배워도 막상 외국인과의 간단한 의사소통조차 하지 못하는 한국인이 많습니다. 사회에 나와서도 영어의 끈을 놓지 못하고 공부하는데도 영어 커뮤니케이션의 어려움이 쉽게 해결되지 않는 상황이다 보니 영어실력이 국제화시대의 걸림돌이 되고 있다는 말이 과언은 아닌듯합니다.

우선! 영어에 대한 두려움을 떨치기 위해 영문법을 마스터하라

학생이나 사회인이나 영어로 어려움을 겪는 분들을 만나보면 한결같은 이야기가 "단어는 알겠는데 문장은 뜻을 모르겠어요." "긴 문장이 들어오면 어디서부터 끊어 읽어야할지 막막해요." 입니다.

실제 영어를 공부할 때 느끼는 가장 큰 어려움은 단어는 죽어라고 외워서 알겠는데 막상 문장으로 이어진 글을 접하면 도통 무슨 의미인지 내용을 파악하지 못한다는 것입니다. 이 같은 어려움은 영어의 문법구조가 우리말의 문법구조와 다르기 때문에 나타나는 필연적인 문제라고 할 수 있습니다. 때로 영문법은 거대한 벽처럼 느껴져 많은 학습자들로 하여금 영어를 포기하게 하기도 합니다.

때문에 영어를 배우는 이들에게 가장 먼저 하는 조언은 "친숙한 방법으로 영문법을 마스터하라." 입니다. 독해력을 쌓고 회화의 스킬을 익히고 작문의 방법을 배우는 과정에 앞서 일단 영문법을 마스터해서 견고한 영어의 벽을 하나 뛰어넘으라는 것입니다. 여기서 가장 중요한 포인트는 '친숙한 방법'입니다. 워낙 딱딱하고 어려운 부분이다 보니 어떤 식이든 쉽고 친숙한 방법이 제일이기 때문입니다.

영어의 벽을 뛰어넘게 해주는, 미국식 유머에서 견져 올린 150개의 영문법

예부터 '웃음은 만국공통어'라는 말이 있습니다. 웃음은 어떤 어려움도 이겨낼 수 있는 힘이 되기도 하고 짜증나고 어려운 문제들을 풀 수 있는 여유를 주기도 합니다.

『하하하 영문법』에는 각 권 마다 미국 유수의 신문과 잡지에 기재된 30개의 유머가 소개돼 있습니다. 전 세계 사람들에게 웃음을 선사했던 유머들에는 실제 통용되는 미국식 표현과 생생한 영문법이 들어있습니다. 전 5권 150개의 영문법은 실제 우리들이 초등학교 때부터 접해온 영문법에 비해서는 적은 양이라고 생각될 수도 있지만, 실제 영미권에서의 생활이나 영어 관련 시험에서 꼭 필요하다고 생각되는 엣센스만 선별한 영문법 베스트이기도 합니다.

150개의 영문법도 명사부터 순서대로 나열해 설명하기보다는 알 듯 모를 듯, 자주 틀리게 되는 영문법을 우선순위로 골라 급소를 집어내어 해결하는 방법을 택했습니다. 학습자의 입장에서 영문법에 대한 두려움을 떨쳐버릴 수 있는 최고 중요한 영문법을 골랐습니다.

영어를 마스터하는데 하루 15분이 아깝다고요?

흔히들 영어를 마라톤에 비유합니다. 하루에 몇 시간 죽어라고 공부하고 일주일을 쉬어버리면 영어 실력은 제자리걸음에서 벗어나지 못합니다. 하루도 거르지 않고 조금씩 공든 탑을 쌓듯이 공부해야만 영어를 마스터할 수 있습니다.

그러나 잘 알려진 학습법과 달리 막상 영어책을 펼쳐들고 마라톤처럼 공부하기란 쉽지 않습니다. 우선 하루 중 특정한 시간을 내서 책상에 앉기가 만만치 않습니다. 두꺼운 영어책을 펼쳐든 순간 영어에 대한 두려움은 다시 고개를 들고 가슴은 답답해집니다. 이러한 어려움을 해소하기 위해 『하하하 영문법』은 하루에 딱 15분만 할애하도록 구성했습니다. 핸드북 사이즈로 시간과 장소에 구애받지 않고 펴들 수 있도록 배려했습니다. 하루에 한 과씩 끊어서 15분

씩만 공부하면 한 달에 30개, 전 5권에 걸쳐 150개의 영문법을 마스터하게 됩니다.

강철 같은 기초를 가졌다면 이제 당신도 영어 킹카!

『하하하 영문법』은 좀 더 폭넓은 지식을 얻고자 하는 목적에도 부응할 수 있도록 준비했습니다. 우리가 일상생활에서 사용하게 되는 영어의 다양한 표현과 관용구들을 살펴보고 독해와 작문에도 연습문제를 할애했습니다. 영어유머, 단어와 숙어 소개, 영문법 풀이라는 구성과 더불어 문법과 문장의 전환, 영어작문, TOEIC, TOEFL 등 시험용 문제를 제시해 각종시험 대비 수험서로써도 톡톡히 한 몫을 하도록 구성했습니다.

이제 한 권, 한 권의 책을 내놓으며, 몇 년에 걸쳐 준비한 결과물들이 부디 독자 여러분의 영어 실력을 한 층 업그레이드시키는 양식으로 쓰이기를 바라는 마음입니다. 대한민국에서 영어정복을 위해 악전고투하는 독자 여러분의 건투를 빕니다.

끝으로 이 책이 알뜰히 나오도록 도와주신 살림출판사 여러분에게 감사의 마음을 전합니다.

2007년 새해 아침에

손봉돈

차 례

웃으면서 끝내는
항항항영문법 1

Attorney Potter had subpoenaed a young boy as an important witness. As soon as the youngster climbed on to the witness chair, the lawyer started to fire questions at him.

"Have you an occupation?" asked Potter.

"Nope."

"What kind of work does your father do?"

"None."

"Does he ever do anything to help support the family?"

"Odd jobs once in a while."

"Then isn't your father just a worthless loafer and a deadbeat?"

"I don't know," answered the witness, "but you can ask him. He's sittin' over there in the jury."

jury	배심원
subpoena	소환하다, 소환장을 발부하다
witness	증인, 목격자, 증언
fire	퍼붓다
occupation	직업
nope	아니요(=no)
add jobs	막일
loafer	빈둥거리는 사람, 게으름뱅이
deadbeat	빈둥빈둥 노는 사람
sittin'	; sitting
as soon as	~하자마자(=no sooner than, the moment, the instant)
once in a while	가끔, 이따금(=not often, not regularly, sometimes)

영문법 해설

as가 '자격으로서' 란 뜻으로 쓰일 때, 그 뒤에 오는 명사에는 관사가 생략되고 '자격을 갖고 있는 개인' 을 가리킬 때는 관사가 쓰입니다.

우리가 일상적으로 쓰는 구어에서는 관사를 쓰는 편이 딱딱하지 않고 자연스러워서 'as a~' 의 표현이 애용됩니다.

ⓐ Who will act as spokesman?

누가 대변인 역할을 할 것인가?

ⓑ He was famous as a statesman.

그는 정치가로서 유명했다.

ⓒ I attended the meeting in my capacity as adviser.

나는 고문(으로서)의 자격으로 회의에 참석했다.

ⓓ As your doctor, I advise you to eat less.

당신의 의사로서 식사량을 줄이도록 충고합니다.

ⓔ He treated me as a child.

그는 나를 어린애 취급했다.

ⓕ As a statesman he played a great part in the Korean War.

정치인으로 그는 한국정쟁에 큰 역할을 했다.

배심원이란?

폿터 변호사는 중요한 증인으로 한 청년을 소환했다. 청년이 증인석에 앉자
마자 변호사는 그에게 질문을 퍼붓기 시작했다.

"증인은 직업을 가지고 있습니까?" 포터는 물었다.

"아뇨."

"증인의 부친은 무슨 일을 합니까?"

"아무 일도 하지 않습니다."

"가족을 부양하기 위해서 아무런 일도 하지 않는단 말입니까?"

"이따금 막일을 하긴 하죠."

"그렇다면 증인의 아버지는 별 볼일 없는 건달에 밥만 축내는 사람이란 말이죠?"

"잘 모르겠는데요," 증인은 대답했다, "직접 물어보시죠. 저기 배심원석에 앉아있으니까요."

1. 다음 두 문장의 뜻이 같아지도록 (   ) 안에 적당한 단어를 넣으세요.

① He is not so much a scholar as a writer.

   =He is (   ) of a writer than a scholar.

② She no longer strikes him as an attractive woman.

   =He no longer (   ) of her as an attractive woman.

2. 다음 영문의 as에 주의하면서 전체의 내용을 번역해 보세요.

① He offered his services <u>as an adviser and helper</u>.

---

② Whether he could ever have taken high rank <u>as a novelist</u> if he had thrown himself completely into the profession may be doubted, for his defects were such as industry and practice would hardly have lessened.

---

1. ① 그는 학자라기보다는 오히려 작가다.

　　not so much A as B=more of B than A=A보다는 오히려 B

　　② 그녀는 이미 그의 마음속에 매력 있는 여자로 비쳐지지는 않는다.

　　=그는 이미 그녀를 매력 있는 여자라고는 생각하지 않는다.

　　① more　② thinks

2. ① 그는 조언자겸 원조자로서 봉사하겠다고 나섰다.

　　② 만일 그가 소설가로서 그 직업에 완전히 몰입해 있었더라면 높은 지위를 차지할
　　수 있었는지 어떤지는 의심스러울 것이다. 왜냐하면 그의 결점은 근면이나 연습
　　따위로는 거의 줄일 수가 없는 그런 것이었기 때문이다.

Some people are so sensitive that they feel snubbed if an epidemic overlooks
them.

- Frank Mckinney Hubbard(American humorist)

세상엔 자기가 전염병에 걸리지 않으면 무시당했다고 생각할 정도로 민감한 사람들이 있다.

- 프랭크 매키니 후바드(미국 유머리스트)

02일

should 사용하기

Two men were hiking in the woods when one of them was bitten on the rump by a rattlesnake.

"Wait here," said his friend. "I'll go into town to get a doctor."

He ran ten miles into town and into the doctor's office.

"Quick, doc, my friend has been bitten on the ass by a rattlesnake. You've got to help."

"I can't leave," said the doctor. "I've got to deliver a baby. But I'll tell you what to do. Take a knife, cut a little X in each of the puncture wounds. Then suck the poison out and spit it on the ground until it's all gone. That should do it."

The man ran ten miles back to his friend, who was writhing in pain.

"Well," he asked, "what did the doctor say?"

"He said you're gonna die."

be bitten	물리다
rump	엉덩이
rattlesnake	방울뱀
ass	엉덩이
deliver a baby	분만을 처리하다
puncture	(찔러서 난) 구멍
poison	독
spit	뱉다
writhe	몸부림치다
suck out	빨아내다

영문법 해설

( )에 should, would 중 알맞은 것을 골라 넣으세요.

1. It is natural that you (   ) have got angry.

2. Who are you that you (   ) speak thus?

1번은 '네가 화를 낸 것은 당연하다.' 란 표현입니다. 여기에는 should가 들어가야 의미가 명확해집니다. 2번은 '당신이 그렇게 말하다니 그러는 당신은 도대체 누구요?' 라고 번역됩니다. 여기서 쓰는 should는 의문사와 같이 사용해서 '이해할 수 없는 일이며 또 놀라움을 금치 못한다.'는 뜻을 나타냅니다.

should가 that절 안에서 쓰일 때를 봅시다. that절 앞에 '감정, 판단'을 나타내는 말이 있는 경우와 that절 앞에 '제안, 주장, 결정, 의지, 명령' 따위를 나타내는 말이 있는 경우입니다. 또한 should는 의문사와 함께 쓰여 '놀라움'을 나타냅니다. 예를 들어보겠습니다.

ⓐ It is strange that you should trust such a fellow.

　네가 그런 녀석을 믿다니 이상하다.

ⓑ It is natural that you should say so.

　네가 그렇게 말하는 것은 당연하다.

ⓒ It was proposed that we should change our plan.

　우리는 계획을 변경해야 한다고 제안받았다.

ⓓ He insisted that I should pay the money.

　그는 내가 돈을 지불해야 한다고 주장했다.

ⓔ Why should he say such an absurd thing?

　그는 왜 그런 어리석은 말을 하는 것일까?

ⓐ~ⓔ에서 각 문장에 should가 왜 사용됐는지를 봅시다. ⓐ와 ⓑ는 that절 앞에 '감정이나 판단'을 나타내는 말이 있습니다. '감정, 판단'을 나타내는 말로는 strange, queer(기묘한) sorry, a pity(유감스러운), surprising, natural, necessary, important 등이 있습니다.

그리고 ⓒ와 ⓓ는 that절 앞에 propose, insist, decide, intend, order처럼 제안, 주장, 결정, 의지, 명령을 나타내는 말이 있기 때문입니다.

마지막으로 ⓔ는 should가 의문사와 함께 사용되어 '놀라움' 또는 '이해할 수 없는 일'을 나타내는 경우가 되겠습니다. 그럼 ⓔ에 들어맞는 영문을 더 봅시다.

ⓔ Who should come in but the man we were talking of?

　우리가 얘기하고 있던 그 사람 이외에 누가 들어 왔을까?

　→ 누가 들어오는가 했더니(놀랍게도) 우리가 얘기하고 있던 바로 그 사람
　　이지 뭡니까?

ⓕ Who are you that you should interfere with me?

　나를 방해하는 당신은 도대체 누구요?

ⓔ, ⓕ의 예문은 '놀라움'을 나타내는 위의 ⓔ와 같은 예입니다.

어떤 처방

두 남자가 숲 속에서 하이킹을 하고 있었는데 그들 중 한 사람이 방울뱀한테 엉덩이를 물렸다.

"여기서 기다려," 친구가 말했다. "시내로 가서 의사를 데려올 테니까?"

그는 10마일을 달려 시내로 가서 병원으로 들어갔다.

"급해요, 선생님, 제 친구가 방울뱀에게 엉덩이를 물렸어요, 도와주셔야겠

어요?"

"지금은 안 되겠는데요," 의사는 말했다. "분만을 처리해야 돼요. 하지만 어떻게 해야 할지를 당신에게 말해주겠소. 칼을 가지고 물린 상처에 조그맣게 X자로 칼집을 내요. 그리고 나서 독을 입으로 완전히 빨아내어서 땅에 뱉어야 돼요. 그러면 될거요,"

그 남자는 다시 10마일을 뛰어 아파서 몸부림치고 있는 친구에게 돌아왔다.

"그래," 그는 물었다, "의사가 뭐라고 하던가?"

"자네가 죽을 거라고 하더군."

문제 풀기

다음 문장을 완성하는 알맞은 단어를 고르세요.

1. What a pity that things _____ have come to this!

   ⓐ must   ⓑ can   ⓒ should   ⓓ may

2. You _____ have said an insulting thing to her.

   ⓐ couldn't   ⓑ shouldn't   ⓒ might   ⓓ must

[정답과 해설]

1. 일이 이와 같이 되다니 참 유감스러운 일이다.

   It is a pity, I am sorry 등과 같이 유감의 뜻을 내는 말 뒤에 오는 that이 이끄는 절에는 should를 씁니다.

2. 그런 모욕적인 언사를 그녀에게 쓰지 말았어야지.

   an insulting thing으로 미루어 보아 '과거 일에 대한 유감의 뜻'을 나타내는 ⓑ를 사용함으로써 하지 말아야 할 것을 실제로는 '해버렸다'라는 뜻을 나타냅니다.

1. ⓒ   2. ⓑ

03일

would 사용하기

American Legal system

Two Madison Avenue ad execs, Drayton and Wade, were discussing the pros and cons of America's legal system.

"You can't really count on the law, can you?" stated Drayton.

"It's incredible!" answered Wade. "My wife was suing me for divorce. She said I was sterile. I got a lawyer to represent me. At the same time, our housekeeper went down to the courthouse and signed a paper charging me with being the father of her baby. I had to get another lawyer. And would you believe? I lost both cases."

legal system	법체계
execs	중역들(=executives)
pros and cons	찬성과 반대
incredible	믿을 수 없는
sue	소송을 하다
divorce	이혼
sterile	아이를 낳지 못하는
represent	주장하다, 대표하다
courthouse	법정
lose	패하다(lose-lost-lost)
count on~	~에 의지하다
at the same time	동시에

 영문법 해설

would는 과거의 불규칙한 습관이나 거절을 나타냅니다.
'바라다' 는 의미의 wish와 똑같이 쓰이는 일도 있습니다.
다음 세 가지 예문을 살펴볼까요.

ⓐ He would often come late to school.

그는 자주 학교에 지각하곤 했다.

ⓑ He would not listen to my advice.

그는 나의 충고를 들으려 하지 않았다.

ⓒ If you would be successful, work harder.

만일 네가 성공하고 싶으면 더 열심히 일해라.

ⓐ는 습관의 뜻으로 ⓑ는 거절의 뜻으로 ⓒ는 wish와 같은 뜻으로 사용되었습니다.

ⓓ When I was young, I used to go to church.

나는 어렸을 때 늘 교회에 다녔다.

would가 불규칙적 습관을 나타내는데 반해 used to는 '늘 ~했었다' 라고 규칙적인 습관을 나타내는 게 원칙입니다. used to는 '(지금은 안 그렇지만) 전에는 그랬다' 라고 현재와 비교해서 과거의 이야기를 말하는 경우가 있습니다.

ⓔ There used to be a tall tree over there.

저기에는 키가 큰 나무가 한 그루 있었지.

여기서 would와 used to에 관해 주의해서 알아둘 것은 used to에는 상태와 반복적 동작을 나타내는데 반해, would는 반복적인 동작만을 나타낼 때 쓰인다는 것입니다. 그러니까 위에 있는 'There used to be a tall tree over there.' 처럼 상태를 나타내는 경우, used to 대신 would를 써서 'There would be a tall tree~' 라고 쓰면 잘못된 표현이 돼버립니다.

'would rather… than~(~하느니 차라리 …하고 싶다)' 와 'would that~(~라면 좋으련만)' 이라고 옮기는 가정법을 살펴보면 가정법에서 사용하는 I wish that 과 같은 문형인 would that은 ⓒ에서 보여지는 would의 용법과 마찬가지로 wish로 해석할 수 있습니다.

ⓕ He bought a car that would hold seven people easily.

　　그는 일곱 사람이 편히 탈 수 있는 차를 샀다.

would는 과거의 수용력·능력을 나타내며 '~할 수 있었다(could)' '~할 능력이 있었다' 로도 쓰입니다.

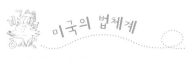
미국의 법체계

매디슨 가에 있는 광고회사 중역들인 드레이튼과 웨이드는 미국의 법 체계에 대해 찬반을 논하고 있었다.

"자네 실지로 법에 의존할 수 있다고 생각하나, 아니지?" 드레이튼은 말했다.

"물론 믿지 않네!" 웨이드는 대답했다. "내 아내는 이혼 소송을 냈어. 아내는 내가 아이를 갖지 못한다고 말했다구. 나는 변호사를 대었지. 그런데 마침 우리 집 가정부는 법정에 가서 내가 자기 아이의 아버지라고 하면서 고소장을 냈지 뭔가. 나는 변호사를 한 명 더 고용했네. 근데 자네 믿을 수 있겠나? 나는 양쪽 모두에게 패했단 말이네."

1. (   )에 should, would 중 알맞은 것을 골라 넣으세요.

① He (   ) often tell us interesting stories.

② He was so obstinate that he (   ) not listen to my suggestions.

③ If you had studied the problem more carefully, you (   ) have found the solution more quickly.

2. 다음 문장을 완성시키는 알맞은 표현을 고르세요.

① _____ you prefer some iced tea?

   ⓐ will   ⓑ shall   ⓒ would   ⓓ can

② "What did you say Mr. Garcia does?"

   "Now he sells insurance, but he _____ an actor."

   ⓐ was being   ⓑ used to be

   ⓒ formerly is   ⓓ has once been

[정답과 해설]

1. ①은 과거의 반복적 동작을 나타내는 것이었고 ②는 '고집이 아주 세서 내 제안에 귀를 기울이려 하지 않았다'에서 보다시피 거절을 나타내고 있습니다. would not은 결국 refused to가 되겠습니다. ③은 가능을 나타내고 있는 '만

일 네가 그 문제를 더욱 주의 깊게 조사했더라면, 더욱 빨리 해답을 찾을 수 있었을 텐데.' 라고 변역합니다.

① would ② would ③ would

2. ① 냉차로 드시겠습니까?

상대방에게 음식물을 권할 때는 'would you' 를 사용합니다. 'would you like' 를 사용하는 것과 같습니다. 'will you like' 를 사용하는 경우는 없습니다.

② "가르샤 씨의 직업이 뭐라고 하셨지요?"

"지금은 보험을 판매하지만, 전에는 배우였습니다."

'used to' 는 과거의 규칙적 습관을 나타낼 때 'would' 는 불규칙적 과거의 습관을 나타낼 때 사용합니다.

①. ⓒ ②. ⓑ

ⓢ Ask not what your country can do for you; ask what you can do for your country.
- John F. Kennedy(American president)
국가가 자신을 위해 무엇을 할 수 있는가를 묻지 말고 자신이 국가를 위해 무엇을 할 수 있는가를 물어라.
- 존 F. 케네디(미국 대통령)

04일 부정문을 긍정문으로 바꾸기

Finally, though, Byron managed to get a job interview in the meat department of a grocery store. However, the personnel director nearly fell off his chair when Byron told him he wanted a thousand dollars a week to trim the fat off beef.

"You're nuts!" screamed the director. "You have absolutely no experience."

"That's right." Byron agreed, "and job will harder that way."

meat department	정육부
grocery store	식료품 가게
personnel director	인사과장
trim	발라내다
fat	기름기, 지방
nuts	미친, 제기랄, 쯧쯧
absolutely	전혀
fall off	~에서 떨어지다
	cf. fall off one's chair 깜짝 놀라다

영문법 해설

전체를 부정해서 소수의 의견이나 행동을 부각시키는 부정문을, 긍정문으로
바꾸는 데 주로 사용되는 문형에 대해서 알아보겠습니다.

'not~ at all' 은 '조금도 ~하지 않다' 라는 의미로 'not~ in the least' 로도 의미
전달이 가능합니다. far from, anything but, free from과도 같은 뜻입니다.

'there is no…but~' 은 every로 시작하는 긍정문으로의 전환이 가능합니다.
여기서 but은 that not과 같은 의미의 관계대명사입니다.

그럼 부정문을 긍정문으로 바꿔서 의미를 전달하는 예문을 살펴보겠습니다.

ⓐ He is not idle at all.

→ He is far from(being) idle.

그는 결코 태만하지 않다.

ⓑ There is no rule but has exceptions.

→ Every rule has exceptions.

예외 없는 규칙이란 없다.

이외 자주 나오는 바꿔 쓰기 문제를 살펴볼까요.

ⓐ The problem is too difficult for me to solve.

→ The problem is so difficult that I cannot solve it.

ⓑ There is no knowing what may happen.

→ It is impossible to know what may happen.

ⓒ On seeing a policeman, he ran away.

→ As soon as he saw a police man, he ran away.

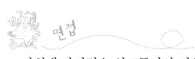

면접

마침내 바이런은 식료품점의 정육부에 입사 면접을 보게 되었다. 하지만 바이런이 쇠고기에서 기름기를 잘라내는 데 일 주일에 1,000달러를 원한다고 말하자 인사과장은 거의 의자에서 떨어질 뻔했다.

"별 미친 놈 다 보겠네!" 과장은 소리쳤다. "자넨 전혀 경험도 없잖아."

"네, 그래요." 바이런은 동의했다. "그런 만큼 일이 더 힘들 거잖아요."

1. 다음 문장을 긍정문은 부정문으로, 부정문은 긍정문으로 만들어 보세요.

① Neither of his parents is alive.

_____

② His composition had no grammatical errors at all.

_____

③ His explanation was not satisfactory at all.

_____

④ There is no mother but loves her own children.

_____

⑤ None of the foreigners were precent at the meeting.

_____

2. 두 문장의 의미가 같아지도록 (   )에 알맞은 단어를 넣으세요.

① Never did I expect to see him in such an odd place.

   =He was the (   ) person I expected to see in such an odd

   place.

② It doesn't (   ) whether he is opposed to my proposal.

   =It is all the same to me whether he is against my proposal.

③ The party was none too pleasant.

=The party was (　　) from being pleasant.

④ I didn't see any of those boys.

=I saw (　　) of those boys.

1. ① Both of his parents are dead.

　　그의 양친 중 어느 쪽도 생존해 있지 않다.

　　Neither를 Both로 하고 alive를 dead로 하면 '그의 양친은 모두 돌아가셨

　　다'의 의미가 됩니다. both는 복수로 취급합니다.

　② His composition was free from grammatical errors.

　　그의 작문은 문법상의 잘못이 전혀 없었다.

　　free from~(~을 면하여)을 사용합니다.

　③ His explanation was far from satisfactory.

　　그의 설명은 조금도 만족할 만한 것이 못 되었다.

　　역시 far from~으로 처리합니다.

　④ Every mother loves her own children.

　　자기의 아이를 사랑하지 않는 어머니는 없다.

⑤ All(of) the foreigners were absent from the meeting.

외국인은 아무도 그 모임에 참석하지 않았다.

None을 All로 하고 present를 absent로 하면 같은 뜻이 됩니다.

2. ① last

이런 장소에서 그를 만나리라고는 꿈에도 생각하지 못했다.

② matter

그가 나의 제안에 반대이건 아니건, 나에게는 어느 쪽이든 상관없다.

③ far

파티는 조금도 즐겁지 않았다.

④ none

그 소년들 중 한 사람도 보지 못했다.

There are many people who think that Sunday is a sponge to wipe out all the sins
of the week.

- Henry Ward Beecher(American preacher)

일요일을 그 주간의 모든 죄를 씻어내는 스펀지라고 생각하는 사람들이 많다.

- 헨리 워드 비처(미국 선교사)

05일

진행형문장, 수동태로 바꾸기

Psychiatrist and Patient

Psychiatrist: Mr. Strange, I understand your problem is that you constantly contradict people. Right?

Patient: Wrong.

Psychiatrist: I must be mistaken then.

Patient: You are not.

Psychiatrist: Oh, I get it. You're contradicting everything I say.

Patient: That's ridiculous.

Psychiatrist: I see. Then you're perfectly sane.

Patient: Ha! I'm as crazy as a loon.

Psychiatrist: Ah, we're finally making some progress.

그러니까 제 말은
모두 다
틀렸다는 거군요?

psychiatrist	정신과 의사
constantly	변함없이, 무조건
contradict	반대하다, 반박하다
ridiculous	우스운, 어리석은, 엉뚱한
sane	정상인
I get it	알겠어요
as crazy as a loon	꼭 미친 것 같은
make progress	진보하다, 진전이 있다

영문법 해설

'집을 짓고 있습니다' 라는 말은 '집이 지어지고 있습니다' 라는 말로 바꿔 말할 수 있습니다. 이 표현의 변화를 영어로 표현하면 다음과 같습니다.

The house is building.

→ The house is being built.

진행형 형태인 'be ~ing' 를 수동태로 바꾸면 문형은 'be+being+과거분사' 로 바뀝니다.

또한 뜻에 따라서 will, shall, must의 조동사와 병행하거나 'have been +being+과거분사' 로 현재완료 수동태 진행형이 쓰이기도 합니다.

몇 가지 예를 살펴보겠습니다.

ⓐ She is playing the piano.

→ The piano is being played by her.

그녀는 피아노를 치고 있다.

ⓑ The boys were cutting down the tree.

→ The tree was being cut down by the boys.

소년들은 그 나무를 잘라서 넘어트렸다.

ⓒ He must be writing a new novel.

→ A new novel must be being written by him.

그는 새로운 소설을 쓰고 있음에 틀림없다.

그렇다면 아래 문장은 수동태로 어떻게 고쳐 쓸 수 있을까요?

My car needs repairing.

내 차는 수리가 필요하다.

repairing의 의미상의 주어는 my car입니다. 내 차가 수리하는 게 아니라 내 차는 정비공에 의해 수리받아야 하니까요. 그렇다면 수동태는 "My car needs being repaired."라고 할 수 있을까요?

그러나 이 문장은 특수 수동태 형태라고 할 수 있습니다. need/want/deserve +to+동사원형의 경우 ~ing를 사용해 능동형태로 수동의 의미를 나타냅니다. 예외적인 경우이므로 기억해 두는 게 좋겠지요?

정신과의사: 스트랜지 씨, 당신의 문제는 사람들에게 무조건 반대하는 것이
군요? 맞나요?

환자: 틀렸어요.

정신과의사: 그럼 내가 잘못 생각했군요.

환자: 아뇨 그렇지 않아요.

정신과의사: 아, 알았어요. 당신은 내가 말하는 것은 무엇이든지 부정하는
군요.

환자: 그건 말도 안돼요.

정신과의사: 알았어요. 그럼 당신은 완전히 정상이군요.

환자: 체! 나는 완전히 미친걸요.

정신과의사: 네, 드디어 조금 진전을 보는군요.

다음 문장을 수동태로 고쳐 보세요.

1. She was telling us an amusing story.

_____

2. They were discussing the problem.

_____

3. Our daughters have been making good progress in their studies.

_____

4. They are carrying the chairs out into the garden.

_____

5. Father is writing a letter.

_____

1. We **were being told** an amusing story by her. / An amusing story **was being told** us by her.

2. The problem **was being discussed** by them.

3. Good progress **has been being made** by our daughters in their studies.

4. The chairs **are being carried** out into the garden by them.

5. A letter **is being written** by father.

The one serious conviction that a man should have is that nothing is to be taken to seriously.

- Samuel butler(English novelist)

사람이 진지하게 확신해야 할 한 가지 일은 아무것도 진지하게 받아들여서는 안 된다는 것이다.

- 사무엘 버틀러(영국 소설가)

06일

수사의문문, 평서문으로 바꾸기

Hiccoughs

A man with a worried look on his face ran into a drug store and asked the druggist if she knew a way to stop the hiccoughs. Without any warning the druggist slapped him in the face. Amazed and angry, the young man demanded that the druggist explain her unusual behavior.

"Well," said the druggist. "You don't have the hiccoughs now, do you?"

"No," answered the young man, "but my wife out in the car still does."

단어와 숙어

hiccough	딸꾹질
druggist	약사
slap in the face	뺨을 때리다
without any warning	아무런 말도 없이

영문법 해설

수사의문문(rhetorical question)은 형태상으로는 의문문의 모습을 하고 있지만 내용상으로는 평서문과 닮아 있는 의문문을 말합니다. 'Why should~?'는 '왜 ~해야 하나' '왜 ~할 필요가 있는가' '~할 필요는 없다' 이와 같이 반어적 용법으로서 평서문보다는 훨씬 감정적이고 강의적인 표현법입니다.

쉽게 말하자면 수사의문문이란 의문문의 형식을 취하면서도 답을 필요로 하지 않고 주장하는 점을 반복적으로 명확히 표현하는 문장이라고 할 수 있습니다.

'Who+긍정 형태의 수사의문문'은 Nobody(or No one)로 시작하는 평서문으로, 'Who+부정 형태의 수사의문문'은 Everybody로 시작하는 평서문으로 바꿀 수 있습니다. 몇 가지 예로 이해해보도록 할까요.

ⓐ Who knows what will happen tomorrow?

　내일 무슨 일이 일어날지 누가 알까?(수사의문문)

→ Nobody(or No one) knows what will happen tomorrow.

내일 무슨 일이 일어날지 아무도 알 수 없다.(평서문)

ⓑ Who does not know that the earth is round?

지구가 둥글다는 것을 누가 모르느냐?(수사의문문)

→ Everybody(or Everyone) knows that the earth is round.

모두가 지구가 둥글다는 것을 안다.(평서문)

수사의문문과 보통의 의문문을 식별하는 요령은 다음 두 가지가 있습니다.

첫째, 필자가 독자에게 답을 요구하지 않고 있는 것

둘째, 문자에 반어적인 의미가 들어 있는 것

How should I know? (=I don't know)

Who knows? (=Nobody knows.)

Why should I not be happy? (=I am happy.)

주의할 점은 수사의문문이라고 해서 반드시 의문사로 시작하는 것은 아니라는 것입니다.

Aren't you a Korean? (=You are a Korean.)

딸꾹질

한 남자가 걱정스런 얼굴로 약국에 뛰어 들어와서 딸꾹질을 멎게 할 방법이 있는지 약사에게 물었다. 여자 약사는 아무런 말도 없이 남자의 **뺨**을 찰싹 때렸다. 놀라고 화가 난 남자는 이게 무슨 짓이냐고 약사에게 물었다.

"보세요," 약사는 말했다. "이제 딸꾹질을 하지 않잖아요?"

"안 하죠," 남자는 대답했다, "그러나 자동차 안에 있는 내 아내는 계속 한단 말이오."

문제 풀기

1. 다음의 문장을 지시에 따라서 바꾸어 보세요.

① Who would have thought that the rabbits could understand Latin?

(평서문으로)

_____

② Who is there but commits errors?

(평서문으로)

_____

③ Everybody knows that.

(의문문으로)

_____

2. 밑줄 친 수사의문문을 번역해 보세요.

Television, radio and stereo can be vehicles for great drama,

beautiful music or religious programs. But who can claim that for

the vast majority of people these devices are anything other that

agents of noise?

_____

_____

_____

_____

1. ① Nobody would have thought that the rabbits could understand Latin.

   토끼가 라틴어를 안다는 것을 누가 생각했겠느냐?

   → 누구도 생각하지 않았을 것이다.

   ② There is no one but commits errors.

   잘못을 저지르지 않는 사람이 어디 있느냐?

   → 잘못을 저지르지 않는 사람은 없다.

   · but=that not

   ③ Who does not know that?

   모든 사람이 그것을 알고 있다.

   → 누가 그것을 모르겠느냐?

2. TV, 라디오, 스테레오는 훌륭한 연극, 아름다운 음악 혹은 종교 프로그램들을 내보내는 장치가 될 수 있다. 그러나 이들 장치가 대다수의 사람들에게 결코 소음을 내는 것은 아니라고 누가 단언할 수 있겠는가?

We have grasped the mystery of the atom and rejected the Sermon on the Mount.

- O'mar Nelson Bradley(American general)

우리는 원자의 신비를 파악하는 대신 (예수의) 신상 수훈을 배척했다.

- 오마 넬슨 브래들리(미국 장군)

Work Ethic

The business owner carefully observed a new employee for the first thirty days. Not being a real ball of fire, the employee displayed a less-than-enthusiatic work ethic.

Unable to restrain herself any longer, the owner screamed, "You're one of the laziest people I have ever seen. You have barely completed a week's worth of work since I hired you. Help me understand one reason why I should keep you around?"

The employee calmly pondered the question and then responded, "One benefit is that when take a vacation, you won't need to find someone to fill in."

단어와 숙어

work ethic	직업윤리관
ball of fire	정력가, 민완가
display	보이다, 나타내다
enthusiastic	열심인
restrain oneself	억제하다, 금하다
barely	겨우, 간신히
hire	고용하다, 채용하다
ponder	숙고하다
benefit	이익, 혜택
keep	계속 갖고 있다(=reserve)
take a vacation	휴가를 가다
fill in	보충하다

영문법 해설

ⓐ Two months have passed since he fell ill.

→ He has been ill for two months.

그가 병이 들고 나서 2개월이 되었다.

ⓑ Five years have passed since he went abroad.

→ He has been abroad for five years.

그가 외국으로 가고 나서 5년이 되었다.

위와 같이 '수사+명사+과거분사+since'로 연결된 문장은 '사람/사물+have/has+과거분사+for+수사+명사'로 변환이 가능합니다.

다시 말해 년, 월을 표시하는 명사가 have passed의 주어가 되는 문장은 since절 중의 주어를 문장의 주어로 하는 현재 완료형으로 바꾸어 쓰고 원래 주어는 for가 이끄는 부사구로 합니다.

직업 윤리

그 회사 사장은 한 신입사원을 처음 30일간 유심히 관찰했다. 별로 열성적이지 못한 그 직원은 태만한 직업 윤리관을 보여주었다.

더 이상 참을 수가 없어서 사장은 소리쳤다, "당신같이 게으른 사람은 본 적이 없어요. 당신을 채용한지 한 달이나 되었는데 당신은 일 주일분의 일을 겨우 끝마쳤소. 당신을 이 회사에 계속 데리고 있어야하는 이유를 한 가지만 대봐요."

직원은 곰곰이 생각하더니 대답했다, "한 가지 좋은 점은 제가 휴가를 가더라도 따로 제 자리를 보충할 사람을 찾을 필요가 없다는 겁니다."

문제 풀기

밑줄 친 부분을 주어로 바꾸어 쓰세요.

1. Several years have passed since <u>my mother</u> died.

　　---

2. Six years have passed since <u>he</u> went abroad.

　　---

3. Ten years have passed since <u>she</u> came to American.

[정답과 해설]

1. My mother has been dead for several years.

　 died는 has been dead로 하고 has died(완료)로는 하지 않습니다.

2. He has been abroad for six years.

　 went는 has been으로 합니다.

3. She has been in American for ten years.

　 come to는 has been in 또는 has been living in으로 합니다.

🌐 I am saddest when I sing; so are those who hear me; they are sadder even that I am.

- Artemus Ward(American humorist)

나는 노래할 때가 제일 슬프다, 듣는 사람들도 마찬가지인데 오히려 나보다 더 슬퍼한다.

- 아트머스 워드(미국 유머리스트)

08일

불완전동사의 보어 찾기

One day Scott telephoned his friend Ian.

"I'd like to talk to Ian."

"This is Ian speaking."

"Your voice sounds kind of different."

"I'm telling you, this is Ian."

"You have a cold or something? Your voice⋯"

"For the last time, this is Ian!"

"That sounds more like you. Say, Ian, can I borrow twenty dollars?"

"I'll give Ian the message when he comes in."

telephone   전화하다(=call, call up, ring up, make a telephone all(to))

borrow   빌리다(=make a loan of money)

for the last time   마지막으로

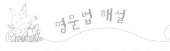

보어란 주어나 목적어의 상태를 나타내는 단어를 말합니다.

주격보어(Subjuctive Complement)의 예를 들어볼까요.

ⓐ Still waters run deep.

　조용히 흐르는 내가 깊다.

ⓑ His remarks passed unnoticed.

　그가 말한 바는 조금도 주의를 끌 수 없었다.

ⓒ The natives go naked all the year round.

　원주민들은 일 년 내내 벌거벗고 살고 있다.

목적격보어(Objective Compilement)의 예를 들어볼까요.

I found that the cage was empty.

→ I found the cage empty.

나는 새장이 텅텅 비어 있다는 것을 알았다.

· the cage was empty가 성립하므로 empty가 목적격보어입니다.

보어를 필요로 하는 불완전 자동사

be, seem, look, sound, appear, come, sit, stand, run, fall, smell, taste, keep, grow, remain, return, get, live, die, hold, grove, go on, be thought, be born, be called, feel, continue, pass 등

야의 목소리

어느 날 스코트는 친구 얀에게 전화를 했다.

"얀 좀 바꿔주세요."

"응 나야."

"목소리가 좀 틀린 것 같은데."

"말했잖아, 내가 얀이라구."

"혹시 감기라도 걸린 거야? 네 목소리가……"

"마지막으로 말하겠는데, 정말 내가 얀이라구!"

"그러니까 좀 너 같구나. 이봐, 얀, 20달러만 빌려줄 수 있겠어?"

"얀이 들어오면 그렇게 전하겠어요."

문제 풀기

다음 문장을 완성시키는 알맞은 문장을 고르세요..

1. When the fire broke out, _____.

   ⓐ the house became emptying

   ⓑ the house had empties

   ⓒ the house had emptied

   ⓓ the house was made empty

2. Last night _____ just as he had for many nights.

   ⓐ he lay awake   ⓑ he laid awake

   ⓒ he lied awake   ⓓ he had lain awake

[정답과 해설]

1. 화재가 발상하자, 그 집은 비워졌다.

   불완전타동사로서 make+목적어+형용사(보어)+능동태는 be made+형용사(보어)+(수동태)로 변경이 가능합니다. 여기서 be made는 become의 뜻입니다.

2. 여러 날 밤을 그러했듯이 간밤에도 그는 뜬 눈으로 누워 있었다.

   last night라는 과거 표시 부사가 있으므로 시제는 과거를 찾아야 합니다.

   1. ⓓ   2. ⓐ

The young man who has not wept is a savage, and the old man who not laugh is a fool.
- George Santayana(American poet)

울어본 일이 없는 젊은이는 야만인이고, 웃지 않는 노인은 바보다.   - 조지 산타야나(미국 시인)

09일

관계사절·접속절, 부정사로 바꾸기

Mac Namara sauntered into a saloon, banged on the bar, and said "A double J&B. I need it. It's gonna be a terrible fight."

The bartender served him his drink. Mac Namara polished it off and shouted, "Anybody here a doctor?" When someone admitted he was, the Irishman said, "Stick around, doc, you'll be needed. It's gonna be a bloody fight." Then he said to the bartender, "Another scotch. Make it a triple. I'm gonna need it, believe me. This fight is gonna be one of the worst."

He finished the triple and asked if there was an undertaker in the house. A man rose and said, "I'm an undertaker."

"Don't go away, mister," shouted Mac Namara. "There's gonna be a job for you soon. It's gonna be a helluva terrible fight." Mac Namara then said to the bartender, "Gimme four triples in a row. I need 'em bad. What an awful fight it's gonna be."

"Say," asked the bartender, "who you going to fight with, mister?"

"You," said the Irishman. "I ain't got no money to pay for the drinks."

단어와 숙어

terrible	끔찍한
saunter	어슬렁거리다, 빈둥거리다
bang on the bar	카운터를 쾅 치며 말했다
gonna	~할 예정인(=going to)
a bloody fight	혈전
undertaker	장의사
triple	3배의 수
helluva	불쾌한, 비상한
gimme	; give me
ain't	; am not, are not, have not
'em	; them
stick around	곁에서 꼼짝 않고 기다리다
in a row	연속적으로, 일렬로
polish off	홀짝 마시다

접속절이란 관계사가 생략된 것을 말합니다. 일례로 the way how의 how 는 항상 생략됩니다. It is time에 이어지는 관계사절은 항상 when을 생략합 니다. 예를 살펴볼까요.

ⓐ This is the way it should be done.

　→ That is the way to do it.

　저것이 그것을 하는 방법이다.

ⓑ He was the first man that came.

　→ He was the first man to come.

　그가 맨 처음으로 찾아왔다.

ⓒ It is time the children went to bed.

　→ It is time for the children to go to bed.

　어린이들은 잠 잘 시간이다.

끔찍한 싸움

맥나마라는 한 술집으로 어슬렁거리며 들어가서 카운터를 쾅 치며 말했다 "제이앤비 더블로 한 잔 주게. 꼭 마셔야겠어. 굉장한 싸움이 될 거라고." 바텐더는 그에게 술을 주었다. 맥나마라는 홀딱 마시고는 소리쳤다, "여기에 혹시 의사 양반이 있소?" 어떤 사람이 자기가 의사라고 나서자 이 아일랜드 사람은 말했다, "어디 가지 말고 여기 있어요, 의사선생, 선생이 필요할 테니까. 혈전이 벌어질게요." 그러고 나서 그는 바텐더에게 말했다, "스카치 한 잔 더. 세 배로 부어줘. 술이 필요해, 정말이야. 이번 싸움은 최악의 것이 될 거란 말이네."

그는 술을 날름 마시고는 장의사가 있는지 물었다. 한 남자가 일어나서 말했다, "내가 장의산데요."

"여보, 어디 가면 안돼요," 맥나마라는 소리쳤다. "곧 당신에게 일거리가 생길 거요. 정말 끔찍한 싸움이 일어날 거야." 그러고 나서 맥나마라는 바텐더에게 말했다, "트리플로 부은 술을 계속해서 넉 잔 주게. 정말 술이 필요해. 얼마나 지독한 싸움이 될지 모르겠군."

"말해봐요," 바텐더는 물었다, "도대체 누구랑 싸울건데 그래요?"

"당신하고지," 아일랜드인은 말했다. "술값 낼 돈이 없단 말이야."

문제 풀기

각 문장을 to부정사를 사용해서 단문으로 바꿔보세요.

1. Adams was the first Englishman <u>that visit Japan</u>.

------

2. He had no friend <u>with whom he could talk about it</u>.

------

3. The thing <u>you should do</u> is to study hard.

[정답과 해설]

1. Adams was the first Englishman <u>to visit Japan</u>.

   아담스는 일본에 온 최초의 영국인이었다.

2. He had no friend to <u>talk about it</u>.

   그는 그 일을 상담할 친구가 없었다.

3. The thing <u>for you to do</u> is to study hard.

   네가 해야 할 일은 열심히 공부하는 것이다.

The thing that takes up the least amount of time and causes the most amount of trouble is sex.

- John Barrymore(American actor)

시간은 불과 얼마 안 들었지만 가장 큰 문제를 일으키는 것은 섹스이다.

- 존 베리모어(미국배우)

10일

도치문 살펴보기

Crossword Puzzle

The Cincinnati murder trial was nearing its climax. On the witness stand was Rita, a gorgeous redhead. The prosecuting attorney glared at her.

"I'll repeat my question," he thundered. "Where were you on the night of January twenty-second?"

"Oh, please don't ask me that," retorted Rita. "I can't tell you."

"You must tell us," he roared. "Where were you on the night of January twenty-second?"

"All right," said the beauty, "if you must know, I'll tell you. I was at home, working out crossword puzzle."

"Is that anything to be ashamed of?"

"Of course, it is," she answered, sobbing. "A beautiful girl like me, wasting a night on a crossword puzzle."

crossword puzzle	십자말풀이, 낱말 맞추기
murder trial	살인 사건의 재판
the witness stand	증인석
gorgeous	호화로운, 찬란한
thunder	소리치다
retort	말하다, 대꾸하다
work out	풀다, 해결하다
be ashamed of	~을 부끄러워하다
be nearing its climax	거의 결말에 이르다
glare at	쳐다보다

 영문법 해설

1. 부사구의 도치

ⓐ Day after day, did this stranger goose lay a bright golden egg for her master.

날마다 이 이상한 거위는 주인을 위해 찬란한 황금 알을 낳았다.

ⓑ Well he may be proud of his son.

(=He may well be proud of his son)

그가 아들을 자랑하는 것도 당연하다.

2. 목적어의 도치

ⓐ What I did I did in honour

 (=I did what I did in honour.)

 내가 했던 것은 명예를 위한 것이었다.

ⓑ Whether he will come back or not, I am doubtful of.

 그가 돌아올지 안 올지 의심스럽다.

3. 보어의 도치

ⓐ Happy are those who know the pleasure of doing good and
 making all happy around them.

 선행으로 주위에 있는 모든 이를 행복하게 하는 즐거움을 아는 자는 행복
 하다.

ⓑ Truly rare is he who knows his own weakness.

 자기의 결점을 아는 사람은 실로 드물다.

ⓒ Wide is the gate, and broad is the way, that leads to destruction.

 멸망으로 가는 문은 넓고 길은 탄탄하다.

4. 인용문 뒤에서의 도치

ⓐ "Health is better than wealth," says the teacher.

 "건강은 부유함보다 낫다"고 선생님은 말했다.

ⓑ "Have you the novel with you?" asked me the boy.

 "그 소설책을 가지고 있니?"라고 소년이 내게 물었다.

신시내티 살인 사건의 재판이 결말에 이르고 있었다. 증인석에는 빨간 머리에다 육감적인 리타가 있었다. 검사가 그녀를 처다보았다.

"다시 한 번 질문을 하겠소," 그는 우렁차게 말했다. "1월 22일 밤에 증인은 어디에 있었죠?"

"아, 제발 그것은 묻지마세요," 리타는 말했다. "그건 말할 수가 없어요."

"증인은 말해야 합니다," 그는 소리쳤다. "1월 22일 밤에 어디에 있었죠?"

"좋아요," 미인은 말했다, "꼭 아서야겠다면 말하죠. 저는 집에서 낱말 맞추기를 하고 있었어요."

"그게 말하기가 그렇게 부끄러운 일인가요?"

"물론이죠," 그녀는 흐느끼면서 대답했다. "저만큼 예쁜 여자가 낱말 맞추기나 하면서 밤을 보내다니 말예요."

다음 문장에 알맞은 것을 고르세요.

1. Not until an infant hcdgchog opcn its eyes _____ its nest to follow its mother about.

  ⓐ it leaves   ⓑ and leaves   ⓒ leaving   ⓓ does it leave

2. Never again _____ political after his 1928 defeat for the presidency.

  ⓐ Alfred E. Smith seriously sought

  ⓑ seriously Alfred E. Smith sought

  ⓒ when did Alfred E. Smith seriously seek

  ⓓ did Alfred E. Smith seriously seek

3. South of Gallup, New Mexico, _____, one of the legendary Seven Cities of Cibola visit by Coronado in 1540.

  ⓐ where the ancient ruins of Hawikuh lie

  ⓑ the ancient ruins lie of Hawikuh lie

  ⓒ the ancient ruins of Hawikuh lie

  ⓓ lie the ancient ruins of Hawikuh

1. 새끼 고슴도치는 눈을 뜨고서야 비로소 어미 고슴도치를 따라가기 위해 집을 떠난다.

   Not until~+주어+동사(~하고서야 비로소)의 도치구문입니다.

2. 1928년 대통령 선거 패배 이후 알프레드 E. 스미스는 두 번 다시 정치적 공직을 구하

   지 않았다.

   강조하기 위해 부정 부사가 문두에 왔으므로 '조동사+주어+원형동사'의 어

   순으로 도치됩니다.

3. 뉴멕시코의 갤럽 남쪽에서 1540년 코로나도가 방문했던 시볼라의 7개 전설적인 도시

   중의 하나인 하이쿠의 옛 폐허가 있다.

   '장소부사+자동사+주어'의 어순입니다. 즉 South of~+lie+the ancient ruins

   of Hawikuh의 형태입니다.

1. ⓓ 2. ⓓ 3. ⓓ

⊛ A good scare is worth more to a man than good advice.

- Edgar Watson Howe(American journalist)

좋은 위협은 어떤 사람에게 좋은 충고보다 더 낫다.

- 에드가 왓슨 하우(미국 언론인)

11일 조동사 들여다보기

A farmer called at the home of his neighbor and asked if he might borrow a rope. "Oh, good and faithful neighbor, I must regretfully refuse of you this simple favor," spoke the man. "The rope you request cannot be given, for I use it to tie up the milk."

"But surely," replied the would be borrower, "milk cannot be tied up with a rope?"

"You're right," the refuser said. "But when one does not want to do a thing, one reason is as good as another."

would be	~이 되려고 하는, ~지망의
refuser	거절한 사람
call at	방문하다
tie up	묶다
one reason is as good as another	어떤 이유라도 상관없다

can는 가능을 나타내는 possible, 부정을 나타낼 때는 impossible로 바꿔서 표현합니다.

may는 있을 수 있는 일의 의미를 나타내려면 probable로 바꿀 수 있습니다.

must는 필요를 나타낼 때에는 necessary, 단정을 나타낼 때에는 certain으로 바꿀 수 있습니다.

need(=have to)는 필요를 나타냅니다. 부정, 의문일 경우에만 조동사, 과거형은 did not need to, did not have to로 됩니다.

can   → It is possible that~(for··· to~)

may   → It is probable that~

must → It is necessary that~

        It is certain that~(for··· to~)

need → It is necessary that~(for··· to~)

ⓐ The news cannot be true.

→ It is impossible that the news is true.

그 소식은 사실일 리가 없다.

ⓑ He may succeed.

→ It is probable that he will succeed.

그는 성공할지도 모른다.

ⓒ He must have been ill.

→ It is certain that he was ill.

그는 병에 걸렸음에 틀림없다.

ⓓ He need not have hurried.

→ It was not necessary for him to hurry, but he did.

그가 서두를 필요는 없었는데.

어떤 이유라도 상관없어

한 농부가 이웃집을 찾아가서 밧줄을 좀 빌려달라고 부탁했다. "이런, 선량한 이웃사람, 당신의 간단한 부탁을 들어주지 못해 정말 섭섭하군," 남자는 말했다. "그 밧줄을 빌려줄 수가 없는 것이 우유를 그것으로 묶어놓았거든요."

"하지만," 밧줄을 빌리러온 사람은 대답했다, "우유를 어떻게 밧줄로 묶죠?"

"그건 그래요," 거절한 사람이 말했다. "그러나 어떤 일을 하기 싫을 때는 무슨 이유든 상관없죠 뭐."

문제 풀기

다음 문장을 지시에 따라서 바꾸어 보세요.

1. We cannot master English in a year or two.

   (It으로 시작하는 단문으로)

   _____

2. Certainly she was beautiful while young.

   (It으로 시작되는 문장으로)

   _____

3. It is probable that the ship went around.

   (밑줄 친 부분을 부사로 해서)

   _____

4. Unfortunately he died before he achieved his object.

   (부사를 형용사로 해서)

   _____

5. It was impossible for me not to laugh.

   (I를 주어로 해서)

   _____

6. They may not reach agreement tomorrow.

   (It is possible~)

   _____

7. It is not necessary for you to get up early.

(You don't로 시작되는 문장으로)

_____

8. It is impossible that he said so.

(조동사를 사용해서 단문으로)

_____

[정답과 해설]

1. It is impossible for us to master English in a year or two.

It is impossible~을 사용합니다.

2. It is certain that she was beautiful while young.

certainly를 certain으로 합니다.

3. Probably the ship went around.

probably을 부사형으로 해서 문두에 둡니다.

4. It was unfortunate that he died before he achieved his object.

unfortunately를 It was unfortunate that~으로 합니다.

5. I could not but laugh.

'웃지 않을 수 없었다'의 의미입니다.

6. It is possible that they may not reach agreement tomorrow.

절 중의 시제는 미래형으로 합니다.

7. You don't have to get up early.

need not+동사원형=don't have to+동사원형

8. He cannot have said so.

Any young man with good health and a poor appetite can save up money.

- James Montgomery Bailey(American humorist)

어느 젊은이든지 건강은 좋은데 식욕이 좋지 않다면 돈을 많이 모을 수 있다.

- 제임스 몽고메리 베일리(미국 유머리스트)

12일

간접화법에서 that 사용하기

One Is Enough

The owner of a large department store went over his books and discovered that his most trusted employee had stolen over a million dollars from the firm.

"I want no scandal," the owner said. "I'll just fire you and forget about the entire matter."

The employee replied, "So you're going to fire me, true, I robbed your concern of quite a tidy sum. I now have yachts, a country mansion, a town house, jewelry, and every luxury you can think of. I don't need a thing, so why hire somebody else and have them start from scratch?"

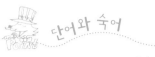

owner	사장
employee	직원, 종업원
firm	회사
fire	해고하다
concern	회사
tidy	많은, 상당한
sum	돈, 금액
hire	고용하다
go over	잘 조사하다, 검토하다
rob of	~로부터 훔치다
from scratch	처음부터, 무에서부터

중문을 간접화법으로 고칠 때는 반드시 대등접속사 and, but에 that을 붙여
주어야 합니다.

ⓐ The girl said, "My name is Patty and I am the youngest daughter."
 → The girl said (that) her name was Patty, and that she was the
 youngest daughter.

그 소녀는 자기 이름은 패티라고 하며, 막내딸이라고 했다.

ⓑ He said, "I live in town, but my brothers live in the country."

→ He said, (that) he live in town, but that his brothers live in the country.

그는 자기는 도시에 살고 있지만, 형제들은 시골에 살고 있다고 했다.

ⓒ He said, "It will rain, for the barometer is falling."

→ He said that it would rain, for the barometer is falling.

그는 측우계가 내려가니까 비가 올 것이라고 했다.

중요한 것은 for the barometer was falling에 있어서 for도 and나 but과 마찬가지로 등위접속사이기는 하지만, for의 경우는 that을 되풀이하지 않는다는 것입니다. as, because 그 밖의 종속접속사의 경우와 마찬가지입니다.

ⓓ He said, "It was raining hard, but I went there."

→ He said that It was raining hard, but that he went there.

ⓔ He said, "I found a small island, and there was no man living there."

→ He said that he had found a small island, and that there was no man living there."

ⓕ She said, "It will rain, for the sky is cloudy."
→ She said that it wound rain, for the sky was cloudy.

대형 백화점 사장이 장부를 조사해보니 가장 신임하던 직원이 백만 달러가 넘는 회사 돈을 횡령한 사실이 드러났다.

"일을 크게 만들고 싶지 않고," 사장은 말했다. "당신을 해고하고 이 일을 다 잊고 싶소."

직원은 대답했다, "네 저를 해고하시겠다고요. 제가 사장님 회사 돈을 상당히 횡령한 것은 사실입니다. 이제 저는 요트도 있고, 시골에 별장과 도시에 집도 있고, 보석에다 사람들이 생각할 수 있는 값비싼 건 다 있습니다. 더는 필요 없어요. 그런데 왜 다른 사람을 고용해서 처음부터 다시 시작하게 하시려는 겁니까?"

문제 풀기

1. 다음 문장을 완성시킬 수 있는 단어를 고르세요.

He said that it had been raining hard, but _____ he had gone there.

ⓐ that   ⓑ said   ⓒ said that   ⓓ told

2. The petrol shortage was _____ the driver's strike.

ⓐ because   ⓑ due   ⓒ caused to   ⓓ due to

3. _____ for leather goods, various materials have been developed as substitutes.

ⓐ Because of the demand   ⓑ Because it demands

ⓒ Its demand   ⓓ Demands

[정답과 해설]

1. 그는 비가 세차게 내리고 있었지만 거기에 갔다고 말했다.

중문의 화법전환이 문제의 초점입니다. 중문화법으로 하면 and 또는 but 뒤에 that을 반복해야 합니다. 단 for 뒤에서는 반복하지 않습니다.

직접화법으로 된 문장을 참고하세요.

He said, "It was raining hard, but I went there."

2. 유류 부족은 운전사의 파업 때문이었다.

   ⓐ because 다음에 절이 옵니다.

   ⓑ due → due to

   ⓒ caused to → caused by

3. 가죽 상품에 대한 수요로 인하여 여러 재료들이 가죽의 대치물로서 개발되었다.
   뒤의 문장이 완전한 문장이므로 ⓒ와 ⓓ는 맞지 않습니다. ⓐ, ⓑ 중 택해야
   합니다. ⓑ에서는 it이 무엇을 가리키는지 모를 뿐만 아니라 demands는 동사
   가 되기 때문에 for와 연결되지 않습니다.

1. ⓐ   2. ⓓ   3. ⓐ

The only solid and lasting peace between a man and his wife is doubtless a
separation.

- Lord Chesterfield(English statesman)

남편과 아내 사이의 확실하고 영속적인 평화는 의심의 여지없이 별거뿐이다.

- 체스터필드 경(영국 정치가)

13일

강조문 만들기

Golf Maniac

Wolford and Mayhew were having a neighborly chat when a funeral procession went by. Following the hearse, in the lead car, instead of flowers there was nothing but a set of golf clubs in a leather bag.

"That's what I call a real tribute to a golfer," said Wolford. "They're gonna bury the clubs right with him. He must have really loved the game!"

"He still loves the game," said Mayhew. "It's his wife who died. Right after the funeral it's back to the golf course!"

단어와 숙어

neighborly	우호적인, 친절한
chat	잡담, 환담
funeral procession	장례 행렬
hearse	영구차
a real tribute	진정한 애도(찬사)
They're gonna bury	; They're going to bury
nothing but ~	~밖에 없는
a set of	한 세트

영문법 해설

문장의 일부를 특별히 강조하는 강조구문을 만들 때는 'It is… that~'을 사용
합니다. 이 'It is… that~'을 버리면 본래의 문장이 성립합니다.

부사적 개념을 강조할 때에는 부사(구)를 문장의 첫머리에 놓는 도치구문을
활용합니다. 이때 문장의 리듬과 관계상 조동사+주어+동사의 순서로 어순
을 정리하면 되겠습니다.

예문을 통해 활용되는 방법을 살펴보지요.

ⓐ I saw him yesterday.

나는 어제 그를 만났다.

→ It was I that saw him yesterday.(주어 I 강조)

어제 그를 만난 것은 나였다.

→ It was him that I saw yesterday.(목적어 him 강조)

내가 어제 만난 사람은 그였다.

→ It was yesterday that I saw him.(부사 yesterday 강조)

내가 그를 만난 것은 어제였다.

ⓑ I have never seen such a sight.

이런 광경은 지금까지 한번도 본 일이 없다.

→ Never have I seen such a sight.(부사 never 도치)

결코 지금까지 이러한 광경을 본 일이 없다.

골프광

월포드와 메이휴가 사이 좋게 잡담을 나누고 있을 때 장례 행렬이 지나갔다.
영구차 뒤 선두 차에는 꽃 대신 골프 채 세트가 든 가죽 가방이 있었다.
"저거야말로 골퍼에 대한 진정한 애도군," 월포드는 말했다. "그들은 골프채
를 함께 묻을 작정이군. 저 사람은 정말 골프를 좋아했나보네!"
"그는 지금도 골프를 좋아한다네," 메이휴는 말했다. "죽은 사람은 그의 부
인이라고. 장례식이 끝나는 대로 그는 골프장으로 달려갈거라구!"

문제 풀기

1. 각 문장의 밑줄 친 부분을 강조하는 문장으로 바꾸어 쓰시오.

① The battle of Hastings was fought <u>in 1066</u>.

_____

② <u>When</u> did he arrive there?

_____

③ I had <u>scarcely</u> begun to move then he gasped my arm.

_____

2. 다음 문장을 완성시키는 알맞은 표현을 찾으세요.

① Not until a student has mastered algebra _____ the principles
of geometry, trigonometry, and physics.

ⓐ he can begin to understand

ⓑ can he begin to understand

ⓒ he begins to understand

ⓓ begins to understand

② Never again _____ political office after his 1928 defeat for the

presidency.

    ⓐ Alfred E. Smith seriously sought

    ⓑ seriously Alfred E. Smith sought

    ⓒ when did Alfred E. Smith seriously seek

    ⓓ did Alfred E. Smith seriously seek

[정답과 해설]

1. ① It was <u>in 1066</u> that the battle of Hastings was fought.

    in 1066을 'It was⋯ that~'의 형태로 만듭니다.

  ② <u>When</u> was it that he arrived there?

  ③ <u>Scarely</u> had I begun to move when he grasped my arm.

    내가 움직이려고 한 순간에 그는 내 팔을 꽉 잡았다.

    Scarely+조동사+주어+동사의 순으로 둡니다.

2. ① 학생은 대수학을 완전히 익힌 후에야 비로소 기하학, 삼각법, 물리학의 원리를 이

    해하기 시작한다.

    부정의 부사어구가 문두에 나왔으므로 주어+동사의 어순이 도치됩니다.

    따라서 답은 ⓑ밖에 없습니다.

    · algebra '대수학' geometry '기하학' trigonometry '삼각법'

② 1928년 대통령 선거 패배 이후 Alfred E. Smith는 두 번 다시 정치적 공직을 구하지 않았다.

강조하기 위한 부정 부사로 문두에 왔으므로 조동사+주어+원형동사의 어순으로 도치됩니다.

①. ⓑ ②. ⓓ

If I were running the world I would have it rain only between 2 and 5 a.m. Anyone who was out then ought to get wet.

- Willian Lyon Phelps(American educator)

내가 만약 세계를 움직이는 사람이라면 오전 2시와 5시 사이에만 비가 내리게 할 것이다. 그 시간에 밖에서 돌아다니는 사람이라면 누구든지 흠뻑 젖어도 싸다.

- 윌리엄 리온 펠프스(미국 교육자)

14일 명령문, 수동태로 바꾸기

Henry had been at a cocktail lounge all night and the beer was beginning to take effect. "Where's the little boy's room?" he asked the bartender.

"Go out that door, make a left turn, down the hall, first door on your right."

By mistake, the customer turned right and fell down an open elevator shaft.

Another customer rushed over and shouted down, "What happened?"

The fallen customer looked up and screamed, "Don't flush it!"

drunkard	술고래
little boy's room	화장실
shaft	환기구멍, 엘리베이터의 통로
flush	(물 따위가) 왈칵 쏟아져 나오다

all night	밤새
take effect	효력이 나다
make a left turn	왼쪽으로 돌다
by mistake	실수로, 잘못하여
fall down	떨어지다
look up	올려다보다

영문법 해설

'Let it be done at once.'를 문자 그대로 번역하면 '그것을 곧 하도록 하세요.'인데 이 같은 번역은 우리말의 습관과 다르기 때문에 번역할 때에는 능동태 'Do it at once.'로 고쳐서 생각하여 '그것을 곧 하세요.'라고 번역합니다. 일반적으로 동사+목적어로 만들어지는 명령문은 'Let+목적어+be+과거분사/주어+should+be+과거분사'의 수동태로 바꿀 수 있습니다. 우리나라 말로는 명령문을 수동태로 말하는 경우가 거의 없으므로 '명령형 수동태'는 전형적인 영어식 표현이라고 할 수 있겠습니다.

몇 가지 예를 살펴보겠습니다.

ⓐ Read the book aloud.

　→ Let the book be read aloud.

　소리 내어 책을 읽으십시오.

ⓑ Write your answer carefully.

　→ Let your answer be written carefully.

　주의해서 답을 쓰시오.

ⓒ Don't open the door of this room.

　→ Don't let the door of this room be opened.

　이 방문을 열지 마세요.

술 취한 사람의 화장실

헨리는 밤새 칵테일 라운지에 있었는데 맥주 마신 것이 효력이 나기 시작했다. "화장실 어디요?" 그는 바텐더에게 물었다.

"저 문으로 나가 왼쪽으로 돌아서 홀을 내려가다 오른쪽 첫 번째 문입니다."

잘못하여 오른쪽으로 돌아가다가 열려있는 엘리베이터 구멍으로 떨어졌다.

다른 손님이 뛰어와서 아래에 대고 외쳤다, "무슨 일이요?"

떨어진 손님은 위를 올려다보고 소리를 질렀다, "물을 내리지 말아요!"

문제 풀기

각 문장을 수동태로 바꾸세요.

1. Divide this line into two equal parts.

---

2. Write nothing but the address on this side.

---

3. Don't let the others see you.

---

4. Type the report right away.

---

5. Don't forget your key.

---

6. Open the door quietly.

---

1. Let this line be divided into two equal parts.

   이 선을 이등분하세요.

2. Let nothing but the adddress be written on this side.

   =Nothing but the address should be written on this side.

   이쪽에는 주소만을 쓰세요.

   이와 같은 문장에서는 let보다는 should를 사용해서 be+과거분사를 붙이는 것이 자연스럽습니다.

3. Don't let yourself be seen by the others.

   타인에게 보이지 않도록 하세요.

4. Let the report be typed right away.

   =The report must be typed right away.

   그 보고서를 당장 타이핑하세요.

   여기서 목적어 the report를 Let 뒤에 두고 type를 be typed로 해서 보어로 사용하거나 must(or should) be를 사용하면 됩니다.

5. Don't let your key be forgotten.

=Your key must not be forgotten.

열쇠를 잊어버리지 마세요.

Don't let~ 또는 must(or should) not be~을 활용합니다.

6. Let the door be opened quietly.

=The door must be quietly opened.

이 문을 조용히 열어두세요.

The way to endure summer in England is to have it framed and glazed in a comfortable room.

- Horace Walpole(English author)

영국에서 여름을 견디는 방법은 아늑한 방에서 여름을 액자에 넣어 걸어놓고 쳐다보는 것이다.

- 호레이스 월포올(영국 작가)

15일

부사절을 전치사구로 바꾸기

The doctor explained to Higgins that he had a serious ailment for which an operation was absolutely imperative.

The patient turned pale and asked, "Isn't it very dangerous?"

"Yes," the doctor replied. "Five out of six who undergo this operation die, but as for you, you have nothing to worry about."

"Why not?" eagerly inquired the patient.

"Well, you see, you're a cinch to recover because my last five patients died," the doctor reassured him.

ailment	병, 우환
operation	수술
absolutely	절대적으로
imperative	피할 수 없는, 긴요한, 긴급한(urgent)
pale	창백한
undergo	경험하다, 당하다, 받다
eagerly	간절히
clinch	정확함, 확실한 일, 유력 후보
recover	회복하다
reassure	안심시키다
worry about~	~에 대해 걱정하다

영문법 해설

on account of~, owing to~, because of~는 모두 합성전치사의 일종입니다. 모두 '~때문에'의 의미로 원인을 나타냅니다.

그러나 우리나라 말로 모두 '~때문에' 라고 번역된다고 해도 for the purpose of~, with a view to~는 목적을, by dint of~는 '~의 노력에 따라서', thanks to~는 '~의 덕택으로' 의 의미로 사용방식이 각각 다르므로 주의해서 사용해야 합니다. 예를 살펴보지요.

ⓐ Because the earthquake was severe, a lot of houses were destroyed.

  → A lot of houses were destroyed on account of the severe earthquake.

심한 지진이었기 때문에 부서진 집이 많았다.

ⓑ He was punished because he did not tell the truth.

  → He was punished for not telling th truth.

진실을 말하지 않았기 때문에 그는 처벌받았다.

의사는 히긴스에게 병이 심각하니 수술이 절대적으로 필요하다고 설명했다.
환자는 얼굴이 하얗게 되어 물었다, "매우 위험한 수술인가요?"
"그래요" 의사는 대답했다. "이 수술을 받은 여섯 명 중 다섯 명은 죽죠, 하지만 당신은 전혀 걱정할 것이 없어요."
"그건 왜죠?" 환자는 간절한 얼굴로 물었다.
"그래요, 지금까지 수술한 다섯 사람이 다 죽었기 때문에 당신은 틀림없이 회복할 거예요." 의사는 그를 안심시켰다.

문제 풀기

각 부분의 밑줄 친 부분을 전치사구로 바꾸세요.

1. <u>As he failed frequently</u>, he gave up his attempt.

   _____ he gave up his attempt.

2. She was scolded <u>because she did not come.</u>

   She was scolded _____

3. He led a lonely life <u>because his parents died in his childhood.</u>

   He led a lonely life _____

[정답과 해설]

1. On account of his frequent failure

   그는 잦은 실패 때문에

2. for not coming

   scold, punish의 이유를 나타내는 전치사는 for를 사용합니다.

3. because of the death of his parents in his childhood

   어릴적 그의 양친의 죽음 때문에

Every man has a right to utter what he thinks truth, and every other man has a right to knock him down for it.　　　　　　　　　- Samuel Johnson(English author)

누구든지 자기가 진실이라고 생각하는 것을 말할 권리가 있고 다른 사람들도 누구나 그것을 말하는 사람을 때려눕힐 권리가 있다.　　　　　　　- 사무엘 존슨(영국 작가)

16_일
that절의 변화

In Oklahoma, Rigg was accused of horse stealing. His lawyer saved him from conviction by a powerful plea. After his acquittal by the jury, the attorney took him aside and said, "Confess up, Rigg. You really stole that horse, didn't you?"

"Now, look a-here," was the reply, "I thought I stole that horse. But after your speech to the jury, I myself got confused if I really stole it or not."

a powerful plea	강력한 변론
steal	훔치다
conviction	유죄 판결
acquittal	서방, 방면
attorney	변호사
be accused of	고소되다
take aside	한쪽으로 데려가다
confess up	고백하다
look a-here	; look at here
get confused	혼동되다

영문법 해설

find, think의 동사는 that절을 목적어로 하는 외에, '주어+동사+목적어+목적보어' 로 만들어지는 5문형에도 사용됩니다.
몇 가지 예를 참고해볼까요.

ⓐ I think that he is honest.
　→ I think him honest.
나는 그가 정직하다고 생각한다.

ⓑ I found that he was sleeping on the sofa.

  → I found him sleeping on the sofa.

나는 그가 소파에서 자고 있는 것을 보았다.

ⓒ I think that he was seriously ill.

  → I think him to have been seriously ill.

나는 그가 중병이라고 생각한다.

ⓒ와 같이 that절 가운데의 술부동사가 주절의 시제보다 이전일 때에는 'to have been'을 넣습니다. 부정사를 사용하는 것은 형식적인 말투입니다.

강력한 변론

오클라호마에서 릭은 말을 훔친 혐의로 고소되었다. 그의 변호사는 강력한 변론으로 그를 무죄가 되게 해주었다. 배심원에 의해 무죄 판결이 난 후 변호사는 그를 한 쪽으로 데리고 가서 말했다, "이제 고백하시지, 릭. 자네 그 말을 진짜 훔쳤지, 그렇지?"

"저를 좀 보세요," 그가 대답했다, "저는 제가 그 말을 훔쳤다고 생각했거든요. 그런데 변호사님이 배심원에게 하는 말을 듣고 나니 저 자신도 제가 정말 그 말을 훔친 건지 아닌지 헷갈리는 거 있죠."

문제 풀기

1. 다음 문장을 단문으로 바꾸시오.

   I think it would be better for you to stay at home.

   ----

2. 다음 문장을 영작해 보세요.

   무엇이 한국을 이렇게 부유하게 했다고 생각하는가?

[정답과 해설]

1. I think it(to be) better for you to stay at home.

   나는 네가 집에 있는 편이 좋다고 생각한다.

2. What do you think has made Korea so affluent(or rich, prosperous)?

   'What has made Korea rich?' 로 영작이 가능합니다. 실제로 현재 부유하게
   되어 있기 때문에 현재완료가 된 것이죠.

🌀 The inherent vice of capitalism is the unequal sharing of blessings; the inherent
virtue of socialism is the equal sharing of miseries.

- Winston Churchill(English statesman)

자본주의 고유의 결점은 이익분배의 불공평이고 사회주의 고유의 장점은 불행의 공평한 분배이다.

- 윈스턴 처칠(영국 정치가)

17일

so~ that… 해석하기

A young college student had stayed up all night studying for his zoology test the next day. As he entered the classroom, he saw ten stands with ten birds on them with a sack over each bird and only the legs showing. He sat right on the front row because he wanted to do the best job possible. The professor announced that the test would be to look at each of the birds' legs and give the common name, habitat, genus, species, etc.

The student looked at each of the birds' legs. They all looked the same to him. He began to get upset. He had stayed up all night studying and now had to identify birds by their legs. The more he thought about it the madder he got. Finally, he could stand it no longer. He went up to the professor's desk and said, "What a stupid test! How could anyone tell the difference between birds by looking at their legs?" With that the student threw his test on the professor's desk and walked to the door.

The professor was surprised. The class was so big that he didn't know every student's name, so as the student reached the door the professor called, "Mister, what's your name?"

The enraged student pulled up his pant legs and said, "You guess, buddy! You guess!"

zoology	동물학
sack	부대
common name	이름
habitat	서식지
genus	속, 부류
species	종류, 종
identify	알아맞히다, 확인하다
enraged	화가 난
buddy	여보, 자네, 형제, 동료

stay up all night	밤새 자지 않고 앉아 있다
get upset	당황하다
madder he got	점점 더 화가 났다
pull up	걷어 올리다

영문법 해설

so~ that…의 3가지 해석법에 대해서 설명하지요.

ⓐ 대단히 ~하기 때문에 … 〈결과〉

ⓑ …만큼 그만큼~ 〈정도〉

ⓒ …인 것처럼 그렇게~ 〈양태〉

밑줄 친 단어에 유의해서 다음 문장을 해석해 볼까요?

① He was **so** kind <u>that</u> he showed me the way.

② He is **not so** rich <u>that</u> he can buy the car.

③ **Nothing** is **so** hard **but** it becomes easy by practice.

④ We should **so** act <u>that</u> we have nothing to regret.

⑤ He is <u>**such an**</u> honest boy <u>**that**</u> he is trusted by everybody.

　=He is **so** honest a boy **that** he is trusted by everybody.

⑥ His kindness <u>**was such**</u> that he showed me the way.

　=<u>**Such**</u> was his kindness <u>**that**</u> he showed me the way.

자, 해석을 도와드리겠습니다.

①의 so~ that…은 3가지 해석법 중 ⓐ와 ⓑ로 해석할 수 있습니다.

ⓐ 그는 대단히 친절하기 때문에 내게 길을 가르쳐주었다. 〈결과〉

ⓑ 그는 내게 길을 가르쳐 줄 만큼 친절하였다. 〈정도〉

이 경우의 결과와 정도란 결국 같다고 볼 수 있습니다.

②의 so~ that…은 앞에 부정어(no, not, never 등)가 있으므로 '…만큼 그만큼 ~' 이라고 뒤에서 거슬러 올려 '정도' 를 나타냅니다. 이를 해석하면 '그는 그렇게 부자가 아니기 때문에 그 차를 살 수 있다.' 가 되는데 불합리한 우리말 표현이 돼 버립니다. 그러니까 뒤에서부터 옮겨 '그는 그 차를 살 수 있을 만큼 부자가 아니다.' 라고 해야 합니다.

③은 '부정어+so~ but…'의 구문입니다. 이것은 '부정어+so~ that… not'과 같은 것입니다. 따라서 문장은 'Nothing is so hard that is does not become easy by practice.'로 고쳐 쓸 수 있으며 ②와 동일한 구문이라는 것을 알 수 있습니다. 예문은 '무슨 일이든, 연습에 의해 쉬워지지 않을 만큼 어려운 것은 없다.' 즉, '무슨 일이든 연습하면 쉬워진다.'는 뜻입니다.

④는 so와 that 사이가 동사일 때는 반드시 '양태'를 나타낸다고 보고 '…인 것처럼 그렇게~'라고 뒤에서 거슬러 올려 번역해야 합니다. 단, so와 that 사이에 오는 것이 형용사나 부사일 때는 '결과'나 '정도'를 나타낸다는 점에서 변함이 없습니다. 내용은 '우리가 흔히 후회하는 일이 아무것도 없는 것처럼 행동해야 한다.'입니다.

⑤의 such~that…은 '결과'나 '정도'를 나타냅니다. 번역 요령은 so~ that…에 준합니다. 위에 such a kind boy와 so kind a boy의 어순에 주의하세요. 단 such~ that…도 그 앞에 부정어가 있으면 '…만큼 그렇게~'라고 뒤에서 거슬러 해석해야 합니다.

He is not such a clever boy that he can solve the problem.
그는 그 문제를 풀 수 있을 만큼 그렇게 영리한 아이가 못 된다.

⑥은 such~ that…의 특별한 용법입니다. '결과'와 '정도' 어느 쪽으로도 볼 수 있습니다. 이 문장은 so~ that…을 사용해서 다음과 같이 고쳐 쓸 수 있습니다.

His kindness **so** great **that** he showed me~.

=**So** great was his kindness **that** he showed me~.

단, so(or such)~ that… 구문에서는 that이 생략되는 일이 있습니다.

I felt so lonesome (that) I almost wished I was dead.

나는 너무 외로워서 거의 죽어버리는 게 낫다는 생각이 들 정도였다.

so(or such)~ that… 구문에서는 that 이하를 so(or such) 앞으로 보낼 수 있습니다.

Aunt Kate nearly doubled herself, so heartily did she enjoy the joke.

=Aunt Kate enjoyed the joke so heartily that she nearly doubled
herself.

케이트 아주머니는 그 농담을 진심으로 좋아해서 거의 허리가 끊어지도록
웃어댔다.

어떤시험

한 젊은 대학생은 그 다음날 있을 동물학 시험공부를 하면서 밤을 꼬박 새웠
다. 강의실에 들어가서 그는 열 마리 새가 놓여 있는 열 개의 대를 보았는데
새는 각각 부대가 씌워져 다리만 보였다. 그는 시험을 잘 보기 위해서 앞줄
에 앉았다. 시험은 새의 다리를 보고 그들의 이름과 서식처, 속, 종 등을 알아
맞히는 것이라고 교수는 말했다.

학생은 새 다리를 보았다. 모두 그게 그거 같았다. 그는 당황하기 시작했다. 공부하느라 밤을 꼬박 새웠는데 다리를 보고 새를 알아맞히라니. 생각할수록 점점 화가 났다. 마침내 그는 더 이상 견딜 수가 없었다. 그는 교수 책상으로 가서 말했다, "이건 정말 멍청한 짓이라고요! 새 다리만 보고 어떻게 새들을 구별할 수 있단 말이에요?" 그 말과 함께 학생은 시험지를 교수 책상 위에 던지고 문으로 걸어갔다.

교수는 놀랐다. 학생수가 너무 많아서 모든 학생의 이름을 알지 못했기에 교수는 학생이 문까지 다 갔을 때 그를 불렀다, "이보게, 자네 이름이 뭐지?"

화가 잔뜩 난 학생은 바지 자락을 걷어 올리고는 말했다, "알아맞혀봐요! 맞혀보라구요!"

다음 문장에서 잘못된 부분을 골라보세요.

1. Good examples of lacquer ware are very ⓐ durable that they show ⓑ no were ⓒ for ⓓ hundreds of years.

2. The wingbeats ⓐ of hummingbirds ⓑ are too rapid ⓒ that their wings cannot be seen ⓔ distinctly.

[정답과 해설]

1. 좋은 본보기가 되는 칠기는 내구력이 좋아서 수백 년을 사용해도 닳을 줄을 모른다.

   '대단히 ~하므로 …하다'의 표현을 하려면 'so~ that…' 구문을 사용하며, 'very~ that…' 구문은 쓰이지 않습니다.

2. 벌새의 날갯짓은 너무 빨라서 그들의 날개를 뚜렷이 볼 수 없다.

   too~ that 구문은 없으므로 so~ that 구문으로 해야 합니다. 따라서 too rapid 는 so rapid로 해야겠지요.

1. ⓐ 2. ⓒ

A rolling stone gathers no moss, but it gains a certain polish.

- Oliver Herford(American humorous writer)

구르는 돌은 이끼는 끼지 않지만 어떠한 종류의 연마는 된다.

- 올리브 허포드(미국의 유머 작가)

18일

주의! 분사구문

Afterlife

Burt and Ernie were best of friends, and, as they were both in their eighties, they made a bargain. Whoever died first would try hard to come back and tell the other what the afterlife was like.

Shortly after striking the deal, Ernie passed away. A few nights later Burt was lying in his bed when a voice wafted in through the open window.

"Burt···Burt"

The old man sat up. "My God! Ernie, is that you?"

"Yes···and I tell you, it's marvelous···simply marvelous."

"Tell me about it," Ernie urged, growing excited.

"Well···in the morning we eat breakfast and then spend hours making love. Then we eat lunch and spend more hours making love. Finally, we eat dinner and make love again."

"Holy cow!" gushed Burt. "I can't wait to die and go to heaven!"
"Heaven?" retorted Ernie. "Hell, I'm outside. I came back as a
rabbit."

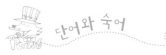
afterlife	내세
marvelous	굉장한, 놀리운
waft	감돌게하다, 들려오다
urge	촉구하다, 재촉하다
retort	말대꾸하다, 응전하다
make a bargain	약속을 하다
strike the deal	약속을 하다, 거래를 하다
pass away	죽다

영문법 해설

분사 가운데에서 가장 중요한 부분이 분사구문인데 동사와 접속사의 두 가지 역할을 동시에 하며, 접속사, 주어, 술어를 분사에 포함시켜서 문장을 간단하게 합니다. 일종의 부사적 수식법이라고 할 수 있습니다.

접속사를 살펴보면 때를 표시할 때의 while·when·after를, 이유·원인을 표시할 때는 as·because를, 조건을 표시할 때는 if(~하면)를, 양보를 표시할 때는 though(~하더라도)를, 계속을 표시할 때는 and·while을 사용합니다.

1. 현재분사로 시작하는 분사구문

Walking along the street, I met an old friend of mine.

→ While I was walking along the street, I met an old friend of mine.

길을 걸어가다가 나는 옛 친구를 만났다.

2. 과거분사로 시작하는 분사구문

Left to herself, she began to weep.

→ When she was left to herself, she began to weep.

그 여자는 홀로 남게 되었을 때, 울기 시작했다.

3. 완료분사로 시작하는 분사구문

ⓐ Having often been to Paris, I know the street quite well.

　→ As I have often been to Paris, I know the street quite well.

　나는 파리를 종종 다녀오므로 그 거리를 아주 잘 안다.(경험)

ⓑ Having finished his work for the day, he went home.

　→ When(or After) he had finished his work for the day, he went home.

　그는 그날의 일을 마치고 난 후 집으로 갔다.(완료)

ⓒ Having been in America from a child, he is not proficient in
English conversation.

　→ Though he has been in America from a child, he is not proficient in
　　English conversation.

　그는 어릴 때부터 미국에 살았으나 영어회화를 잘하지는 못한다.(양보)

분사구문이 나타내는 시제는 주절의 시제와 일치합니다. 만일 주절이 나타
내는 시제보다 이전의 것을 나타내려고 했을 때는 'having+과거분사'로 완
료형 분사구문을 사용합니다.

내세

버트와 어니는 가장 친한 친구였으며 둘 다 여든 살이 넘어 그들은 약속을
했다. 누가 먼저 죽든간에 돌아와서 내세가 어떤지 다른 사람에게 말해주어
야 한다는 것이었다.

약속을 하고 금방 어니가 죽었다. 며칠 후 버트가 침대에 누워있는데 열린
창문을 통해 목소리가 들려왔다. "버트…버트"

버트는 일어나 앉았다. "이런 세상에! 어니, 자넨가?"

"그래…굉장해… 그저 굉장할 뿐이야."

"어떻게 굉장한지 말해봐," 어니가 흥분해서 재촉했다.

"그래…아침에 밥을 먹고 사랑을 하고 그런 다음 점심을 먹고 또 사랑을 하
지, 저녁을 먹고 나서 다시 사랑을 한다구."

"정말 대단하군!" 버트는 숨을 몰아쉬었다. "빨리 죽어서 천국으로 가고 싶
어 미치겠군!"

"천국이라고?" 어니가 반문했다. "젠장 나는 지금 바깥에 있어. 토끼가 되어
다시 돌아왔단 말이야."

문제 풀기

각 문장을 지시에 따라서 바꾸어 보세요.

1. I called for her at three. She dressed herself after that.

   (복문으로 완성)

   -

2. She didn't come in till the officers were seated.

   (When she came 구문으로 완성)

   -

[정답과 해설]

1. When I called for her at three, she had not dressed herself yet.

   내가 3시에 데리러 갔을 때, 그녀는 아직 외출복을 입고 있지 않았다.

2. When she came in, the officers had not been seated.

   그녀가 들어왔을 때 사관들은 자리에 앉아 있지 않았다.

🌐 Occasions do not make a man either strong or weak, but they show what he is.

- Thomas Kempis(German philosopher)

기회가 사람들을 강하거나 약하게 만드는 것이 아니라 그 기회로 인해 그 사람의 성품이 드러나는 것
이다.

- 토마스 켐피스(독일 사상가)

"And at her request you gave up drinking?"

"Yes."

"And you stopped smoking for the same reason?"

"I did."

"And it was for her that you gave up dancing, card playing, and billiards?"

"Absolutely."

"Then, why didn't you marry her?"

"Well, after all this reforming I realized I could do better."

realization	깨달음
billiard	당구
absolutely	절대적으로
reform	개신하다, 개혁하다
at one's request	one의 요청에 따라
give up	포기하다, 끊다
for the same reason	같은 이유로

동명사와 부정사만을 취하는 동사와 동명사와 부정사를 사용하면서 뜻이 달라지는 동사를 살펴보겠습니다.

1. 동명사만을 목적어로 취하는 동사

admit, advise, appreciate, avoid, consider, defer(연기하다), delay, deny, enjoy, escape, evade(회피하다), excuse(용서하다), finish, help, mention, mind, miss, postpone, practice, quit, resent(노하다), resist, stand(참다), stop, be better off(더 잘 살다), be capable of(할 수 있다), forget about, give up(포기하다), leave off(그만두다), look forward to(기꺼이 기다리다), object to(반대하다), put off(연기하다) 등.

2. 부정사만 목적어로 취하는 동사

wish, hope, care, choose, expect, refuse, plan, mean, decide 등.

3. 동명사, 부정사를 사용함에 따라 뜻이 달라지는 동사

ⓐ I hate lying.

나는 거짓말 하는 것을 싫어한다.

I hate to lie.

나는 거짓말을 하고 싶지 않다.

ⓑ I like swimming.

나는 수영을 좋아한다.(일반적 습관)

I should like to swim here.

나는 여기서 헤엄치고 싶다.(일시적 구체적 진술)

ⓒ I remember seeing him before.

나는 전에 그를 만났던 것을 기억한다.(과거의 일)

I remember to see him tomorrow.

나는 그를 만날 것을 기억하고 있다.(미래의 일)

ⓓ I tried moving the piano.

나는 시험 삼아 피아노를 옮겼다.

· try+to+동사원형=시험 삼아 ~해보다

I tried to move the piano.

그는 피아노를 옮기려고 시도했다.

· try+to+동사원형=~하려고 시도하다

ⓔ I stopped smoking.

나는 금연했다.

I stopped to smoke.

나는 담배를 피우기 위해 멈추었다.

깨달음

"그래 그녀의 요구에 따라 술을 끊었다고?"

"맞아."

"그리고 같은 이유로 담배도 끊고?"

"그랬지."

"그리고 춤, 카드놀이, 당구를 그만둔 것도 그녀 때문이고?"

"그렇다니까."

"그런데 왜 그녀와 결혼하지 않았나?"

"모두 끊고 나서는 더 잘 할 수 있다는 것을 깨달았거든."

다음 문장을 완성시키는 알맞은 표현을 고르세요.

1. I would appreciate _____ it a secret.

    ⓐ you to keep   ⓑ your keeping

    ⓒ that you would keep   ⓓ that you are keeping

2. When I was in the casino, I was considering _____.

    ⓐ to gamble   ⓑ gambling   ⓒ gamble   ⓓ gambles

3. You don't object _____ by your first name, do you?

    ⓐ that I call   ⓑ for calling   ⓒ to my calling   ⓓ that I am call

[정답과 해설]

1. 비밀을 지켜주면 고맙겠습니다.

appreciate는 동명사를 목적으로 합니다. 동명사의 의미상의 주어는 앞에 소유격을 사용해서 표시합니다.

2. 도박장에 갔을 때, 나는 도박을 벌일 생각을 했다.

consider는 동명사를 목적으로 취합니다.

3. 내가 당신의 애칭을 부르는 것을 반대 안 하시지요?

'object to(be opposed to)'는 '~에 반대하다'의 뜻으로 to가 전치사이므로 동명사를 목적어로 취합니다.

ⓐ는 object가 'I object that he is too young for the position.' 구문처럼 절을 목적어로 취해 쓰기는 하지만 흔히 쓰는 구문은 아닙니다.

ⓑ는 전치사가 잘못 쓰였고 call의 의미상 주어가 없습니다.

ⓓ 'I am call~'은 동사가 2개 쓰였고 that절로 이어지는 것이 어색합니다.

1. ⓑ 2. ⓑ 3. ⓒ

In war there is no second prize for the runner-up.

- O'Mar Nelson Bradley(American general)

전쟁에서 2등에게 주는 상은 없다.

- 오마르 넬슨 브래들리(미국의 장군)

20_일

if의 대타들

The young woman had just left journalism school and got a job on the staff of a local paper. She listened intently to the editor's instructions.

"Never write anything as a fact unless you are absolutely sure about it, or you'll get the paper into trouble. Make it a point to use the words, 'alleged' 'reputed' 'claimed' 'rumored' or 'it was said'."

The youthful reporter kept repeating this instruction to herself as she went out on her first assignment, and this is her first story:

"It is rumored that a party was given yesterday by a number of reputed ladies. Mrs. Smith, it was said, was hostess, and the guests, it is alleged, with the exception of Mrs. Jones, who says she is fresh from London, were all local people. Mrs. Smith claims to be the wife of Joe Smith, rumored to be the president of an alleged bank."

article	기사
journalism school	언론학과
staff	직원
instruction	지시
absolutely	절대적으로, 확실히
allege	의심하다, 추측하다
repute	간주하다, 생각하다
get into trouble	곤경에 빠뜨리다
make it a point	명심하다
go (all) out	전력을 다하다
a number of	다수의

영문법 해설

unless에 대해 살펴보겠습니다.

ⓐ Unless he comes back, what shall we do?

그가 돌아오지 않으면 우리는 어떻게 해야 하지?

ⓑ Unless he has done the work to my satisfaction, I shall not pay for it.

내가 만족할 만큼 일을 해놓지 않으면 돈을 지불하지 않겠다.

이와 같이 if로 대표되는 조건절을 이끄는 문장의 접속사 구실을 하는 것은
unless 외에 6개가 더 있습니다.

① Unless he consents, I can do nothing.
② Suppose(or Supposing) you had one millon dollars, what would
   you do with it?
③ I will come provided(or providing) [that] I am well enough.
④ Granting(or Granted) [that] is true, it does not concern me.
⑤ You may keep the book so long as you don't soil it.
⑥ In case I fail, I will try again.
⑦ But that he was idle, he would have succeeded.

①의 unless는 '만일~ 하지 않으면(=if ~not)' 으로써 '만일 그가 동의하지 않
으면, 나는 아무 것도 할 수 없다.' 로 해석됩니다.
②의 suppose는 '만일~하면(=if~)' 으로써 '만일 네가 1백만 달러를 갖고 있
다면 너는 그 돈으로 뭘 하겠니?' 로 해석됩니다.
③의 provided는 '만일 ~하기만 하면(=if only)' 으로써 '만일 내가 아주 건강
하기만 하면 오겠다.' 로 해석됩니다.
④의 granting은 '만일 ~하면(=if~)' 과 '가령 ~할지라도(=even if)' 로써, '가
령 그게 진실이라 할지라도, 그것은 나와 상관이 없다.' 로 해석됩니다.
⑤의 so long as는 '만일 ~하기만하면(=if only)' 으로써 '더럽히지만 않는다
면 너는 그 책을 가져가도 좋다.' 로 해석됩니다.

⑥의 in case는 '만일 ~하면(=if)' 로써, '만일 실패하면 나는 다시 해보겠다.' 로 해석할 수 있습니다.

⑦의 but that은 '만일 ~하지 않으면(=if ~not)' 으로써 '만일 그가 게으르지 않았더라면 그는 성공했을 것이다.' 로 해석됩니다.

여기서 but that~은 'but for the fact that~(~라는 사실이 아니라면)' 에서 'for the fact' 가 생략된 것이라고 봐도 좋습니다. 또 but that~안의 동사는 가정법이 아니고 직설법을 사용하기로 돼 있습니다. 때문에 예문 ⑦에서의 but that he was idle로 돼 있기 때문에 but that he had been idle로 하면 오히려 틀린 문장이 됩니다. 따라서 ⑦의 문장을 if절로 바꿀 경우 'If he had not been idle, he would have succeeded.' 로 고쳐야 합니다.

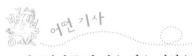

어떤 기사

언론학과를 막 나온 젊은 여성은 지역 신문사 기자로 취직했다. 그녀는 편집국장의 지시를 열심히 들었다.

"절대적 확신이 없이는 어떤 것도 결코 사실로 쓰지 말 것, 그렇지 않으면 당신은 신문사를 곤경에 빠뜨릴 것이다. '주장되는' '알려진' '자칭하는' '소문이 있는' 또는 '그렇게 말해진다' 등의 어휘를 사용할 것을 명심하라."

이 젊은 기자는 자신의 첫 번째 기사를 쓰면서 지시사항을 마음속으로 반복했으며 다음은 그녀가 처음으로 쓴 기사이다.

"어제 다수의 숙녀로 간주되는 사람들에 의해 파티가 열렸다는 소문이 있다. 사람들의 말에 의하면 스미스 부인이 초청자이었으며 자기는 런던에서 방금

왔다고 말하는 존스 부인을 제외하고 손님들은 모두 이곳 사람들이라고 추측된다. 스미스 부인은 조 스미스의 부인이라고 자칭하는데 그는 은행이라고 주장하는 업체의 사장이라는 소문이 있다."

문제 풀기

아래 문장을 번역해 보세요.

1. Unless you work harder, you will never pass the examination.

-----

2. Unless in uniform, he didn't look a student.

-----

3. Unless disaster, nothing will result.

[정답과 해설]

1. 좀 더 열심히 공부하지 않으면 시험에 합격하지 못한다.

2. 제복을 입지 않으면 학생처럼 보이지 않는다.

   unless가 이끄는 부사절의 동사가 be동사이고 그 주어가 주절의 주어와 일치할 때는 부사절의 주어와 be동사는 생략할 수 있습니다.

3. 재난 이외에는 아무것도 일어나지 않을 것이다.

   unless는 전치사로서 '~을 제외하고'의 뜻입니다.

A fishing rod is a stick with a hook at one end and a fool at the other.

- Samuel Johnson(English author)

낚싯대란 한쪽 끝에는 갈고리, 다른 한쪽 끝에는 바보가 붙어 있는 막대기이다.

- 사무엘 존슨(영국 작가)

21일

관계사절·접속절, 분사구로 만들기

Mr. Smith bought a beautiful diamond ring for his wife and at lunch showed it to his friend Mr. Jones. Jones offered to buy it for more than Smith had paid. Smith later regretted the sale and bought it back from Jones at a still higher price.

Finally Jones sold the ring to a person unknown to Smith.

When Smith heard of this final transaction he protested. "How could you do such a stupid thing!" he said. "That was crazy. We were both making such a good living from that ring!"

offer	제의하다, 제안하다
regret	후회하다
unknown to Smith	스미스는 모르는
transaction	거래
protest	항의하다
make a living	생활비를 벌다

분사의 수식용법에 대해서 살펴보지요. 분사가 수식어로서 사용될 때, 구를 이룰 때에는 피수식어의 뒤에 놓입니다. 현재분사는 계속적, 능동적 의미를, 과거분사는 완료적, 수동적 의미를 나타냅니다. 예를 들어보겠습니다.

ⓐ A stone that rolls gathers no moss.

→ A rolling stone gathers no moss.

구르는 돌에는 이끼가 끼지 않는다.

ⓑ I recieved a letter which was written in French.

→ I recieved a letter written in French.

나를 프랑스어로 쓰인 편지를 받았다.

스미스 씨는 자기 부인을 위해 아름다운 다이아몬드 반지를 사서는 점심을 먹으면서 친구인 존스 씨에게 보여주었다. 존스는 스미스가 지불한 돈보다 더 많은 돈을 주겠노라고 제의하고는 그것을 샀다. 나중에 스미스는 반지를 판 것을 후회하고는 존스에게 더 높은 값을 지불하고 도로 반지를 샀다. 이런 식으로 사고팔고 하다가 마침내 존스는 반지를 스미스가 모르는 사람에게 팔았다.

마지막 거래에 대해 듣고 스미스는 항의했다. "자네 어떻게 그런 어리석은 짓을 할 수 있단 말인가!" 그는 말했다. "정말 미친 짓이야. 우리 둘 다 그 반지 때문에 돈을 많이 벌고 있었잖나!"

1. 밑줄 친 부분을 분사구로 바꾸어 쓰세요.

① People <u>who live in towns</u> do not know the pleasure of country life.

People _____ do not know the pleasure of country life.

② He sent me a note <u>which was written in red ink</u>.

He sent me a note _____ .

③ The offer <u>that he made</u> was rejected.

The offer _____ was rejected.

④ She mourned for <u>the child whom she had lost</u>.

She mourned for _____ .

⑤ All the trains <u>that run between Pusan and Seoul</u> are not express.

All the trains _____ are not express.

2. 다음 문장이 완성되도록 적당한 표현을 고르세요.

① _____ in all parts of the state, pines are the most common trees in Georgia.

ⓐ Found   ⓑ Finding them   ⓒ To find them   ⓓ They are found

② Early surveyors, _____ mostly in uninhabited areas, encountered many hardships and risks in the performance of their work.

ⓐ operated   ⓑ operating   ⓒ were operated   ⓓ and operates

[정답과 해설]

1. ① living in towns

　　도시에 살고 있는

② written in red ink

　　붉은 잉크로 씌어진

③ made by him

　　그가 한

④ ther lost child

　　그녀가 잃어버린 아이

⑤ running between Pusan and Seoul

　　서울과 부산 간을 달리는

2. ① 그 주의 곳곳에서 볼 수 있는 소나무는 조지아 주에서는 가장 흔한 나무다.

pines(소나무)는 발견되는 것이므로 과거분사 found가 와야 합니다.

② 거의 사람이 살지 않는 지역에서 작업을 하고 있던 초기 측량사들은 작업 수행상 많은 고초와 위험을 겪었다.

Early surveyors who were operating mostly~, encountered~로 보아, who were가 생략된 것으로 보아야 합니다.

①. ⓐ ②. ⓑ

⑧ The road to ruin is always kept in good repair, and the travelers pay the expense of it.

- Josh Billings(American humorist)

파멸로 가는 길은 언제나 잘 보수가 되어 있고 여행자들은 그 비용을 부담한다.

- 조지 빌링즈(미국 유머리스트)

22일

제안의 형식

Murphy had fallen into a lake and nearly drowned himself. They pumped him and pommelled him and gave him the kiss of life but it didn't look as if they could revive him.

"How about trying a bit of the hard stuff!" suggested Hogan. "I've a full bottle in my pocket."

Quinlan, giving the mouth-to-mouth resuscitation, barked, "You idjit, hard liquor could finish him off in his state."

The dying man pulled himself up, grabbed the bottle and snorted, "You keep outa this, Quinlan, it ain't your whiskey!"

Murphy then took a big swig, coughed twice and expired.

drown	익사하다
pump	토해내다
pummel	(연달아) 주먹으로 치다
revive	다시 살아나게 하다
mouth-to-mouth resuscitation	입에 대고 하는 인공호흡
bark	소리치다
grab	잡다
idjit	; idot의 회화체
snorted	씩씩거리며 말하다
swig	꿀꺽꿀꺽 들이켜다
expire	숨을 내쉬다
fall into	빠지다
finish off	끝내다, 죽이다, 해치우다

영문법 해설

Let's을 사용한 부가의문문은 Let's에 shall we?를 붙여서 나타냅니다. 같은 의미를 how나 what을 갖고 나타낼 수도 있습니다. what do you say to에는 ~ing가 붙는 점에 주의해야 겠지요.

아래 예문은 빈번하게 출제되고 있으므로 잘 살펴보세요.

ⓐ Let's go swimming, shall we?

   → How about going swimming?

   → What about going swimming?

   → Wat do you say to going swimming?

수영하러 가지 않겠습니까?

ⓑ Let's sit down and take a rest, shall we?

   → How about sitting down and taking a rest?

   → What about sitting down and taking a rest?

   → What do you say to sitting down and taking a rest?

앉아서 쉬지 않겠습니까?

생명의 위스키

머피는 호수에 빠져서 거의 죽을 뻔했다. 사람들은 물을 토하게 하고 주먹으로 때리고 입에 숨을 불어 넣어주었지만 그를 살릴 수 있을 것 같지 않았다.

"독한 걸 써보는게 어떨까!" 호간이 말했다. "내 호주머니에 술병이 있는데."

퀸란은 입에 대고하는 인공호흡을 계속하면서 소리쳤다, "이 바보야, 독한 술을 주면 이대로 죽어버릴거야."

죽어가던 사람은 스스로 몸을 일으키고는 병을 잡고 고함을 쳤다, "퀸란, 자네는 저리 꺼져, 자네 위스키도 아니잖아!"

그리고 나서 머피는 위스키를 꿀꺽꿀꺽 마시고는 두 번 재채기를 하더니 숨을 내쉬었다.

문제 풀기

각 문장을 지시내용에 따라서 바꾸어 써보세요.

1. Let's take a walk in the woods, shall we?

   (what을 사용해서) _____

2. Why not go to the movies tonight if you are free?

   (how로 시작하는 문장으로) _____

3. Suppose we try to do it my way.

   (how로 시작하는 문장으로) _____

[정답과 해설]

1. What about taking a walk in the woods?

   '~하지 않겠는가?' '~하는 게 어떻겠습니까?' 의 제안을 나타내는 형식입니다.

2. How about going to the movies tonight if you are free?

   시간이 한가하다면 오늘 저녁 영화 보러 가지 않겠어?

3. How about trying to do it my way?

   나 나름대로의 방식으로 해보면 어떨까?

I don't know of anything better than a woman if you want to spend money where
it'll show.   - Frank Mckinney Hubbard(American humorist)
돈을 본 때 있게 쓰고 싶으면 여자에게 쓰는 것이 제일이다.   - 프랭크 매키니 후바드(미국 유머리스트)

A salesman

The neatly dressed salesman stopped a man in the street and asked, "sir, would you like to buy a tooth brush for ten dollars?"

Aghast, the man said, "I should say not, That's robbery!"

The salesman seemed hurt. "Well, then, how about a homemade brownie for five cents?"

This seemed fair, and the man handed a nickel to the salesman. Unwrapping the brownie, he took a bite; suddenly the man spit out the mouthful.

"Say," he snarled, "this brownie tastes like shit!"

"It is," replied the salesman. "Wanna buy a toothbrush?"

neatly	말쑥하게, 단정하게
toothbrush	칫솔
aghast	깜짝 놀라
robbery	강도, 도둑
seemed hurt	실망한 듯했다
homemade	집에서 만든
brownie	아몬드가 든 초콜릿
hand	주다
snarl	고함치다, 호통 치다
shit	똥, 배설물
take a bite	한 입 먹다
spit out	뱉어내다

영문법 해설

동작 그 자체를 나타내는 타동사의 과거분사는 동작이 완료된 상태를 나타 냅니다. 예를 들어 a caught bird라고 하면, '붙잡다'라는 동작을 나타내는 catch의 과거분사 caught는 동작 그 자체를 나타내는 동사의 과거분사이니 까 '붙잡힌 새 한 마리'란 뜻이 됩니다.

그러나 감정이나 심리상태를 나타내는 love, hate, praise, admire, blame 등

의 동사들은 시간의 관념은 나타내지 않습니다.

형용사화한 과거분사

agitated, altered, amazed, ashamed, astonished, bored, celebrated, civilized, complicated, confused, contented, crowded, decided, delighted, depressed, determined, devoted, disappointed, discontented, disgusted, distinguished, embarrassed, enlightened, exhausted, experienced, excited, faded, flattered, flushed, frightened, grieved 등.

또한 자동사의 과거분사가 능동적인 의미로 수식어 역할을 하는 경우가 있습니다. 예를 들어서 'a retired general'은 퇴역장군이란 듯으로 현재 상태를 나타냅니다. 자동사의 과거분사는 과거의 동작이 남긴 결과, 현재의 상태가 어떠하다는 것을 나타냅니다.

'a deserted soldier'는 '탈영병'을, 'a fallen anger'은 '천국에서 추방된 천사'를 나타냅니다.

그러나 모양은 과거분사이지만 명사에 ed를 붙어서 과거분사가 명사를 수식하는 것처럼 똑같은 일을 하고 있는 것이 있으니 주의해야 합니다. 이것들은 과거분사는 아니니까요.

일례로 a dark-haired girl은 검은 머리 소녀를 나타내는데 haired는 과거분사는 아니지요.

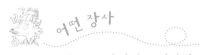

말쑥하게 옷을 차려입은 외판원이 길에서 어떤 사람들을 불러 세워 물었다,

"선생님, 이 칫솔을 10달러에 사시겠습니까?"

깜짝 놀라서 그 남자는 말했다, "안 사겠소. 완전히 도둑놈이구만!"

외판원은 실망한 듯했다. "좋습니다, 그러면, 집에서 만든 이 초콜렛 빵은 5 센트인데 어때요?"

그렇게 비싸지 않은 것 같아서 남자는 외판원에게 5센트를 주었다. 포장을 뜯고 한 입 먹더니 갑자기 입에 든 것을 뱉었다.

"이봐," 그는 소리쳤다, "이 빵은 완전 똥맛이잖아!"

"그렇죠," 장사는 대답했다. "이 칫솔을 사시겠어요?"

다음 문장에서 올바르지 못한 표현을 고르세요.

1. Havard College was the first ⓐ institution of higher ⓑ learning to be established ⓒ in the colonies ⓓ.

2. Baroque has been ⓐ the term using ⓑ by art historians ⓒ for almost a century to designate ⓓ the dominant style of the period 1600~1750.

3. The cost of a college education has risen as rapidly ⓐ during ⓑ the past several years ⓒ that it is now beyond the reach ⓓ of many people.

[정답과 해설]

1. 하바드 대학은 식민지에 세워진 첫 번째 고등교육기관이었다.

to be established(설립될), established(설립된) 여기서 'to be+과거분사'와 단지 과거분사와의 뉘앙스는 다릅니다. to부정사는 '(앞으로) ~할, ~해야 할'의 뜻입니다. 과거분사형은 관계대명사+be동사를 넣은 것과 같다고 보면 좋습니다. established는 institution을 수식합니다.

ⓒ to be established → established

2. 바로크는 1600년부터 1750년 사이의 지배적인 스타일을 나타내기 위해 거의 1세기 동안 예술사학자들에 의해서 사용돼 온 용어이다.

the term is used by art historians로 생각해봅니다.

ⓑ using → used

3. 대학 교육의 비용이 지난 수년 동안에 너무 급격히 올라서, 지금은 많은 사람들이 엄두를 못 내고 있다.

that 이하의 절은 결과의 부사절입니다. 따라서 so(such)~ that을 사용해야 합니다.

ⓐ as → so

Moralizing and morals are two entirely different things and are always found in entirely different people.

- Don Herold(American humorous writer)

설교와 덕행은 전연 별개의 것이며, 언제나 전연 다른 사람들 속에서 발견된다.

- 돈 헤롤드(미국의 유머작가)

24일

부정사의 응용

 Trading stamps

An attractive young lady sat in her stalled auto, awaiting help.
Two young men walked up to and volunteered their aid.

"I'm out of gas," she lamented. "Could you push me to a gas station?"

They readily put their muscles to the rear of the car and rolled it several blocks. After a while, one looked up, exhausted, to see that they had just passed a filling station. "How come you didn't turn in?" he called.

"I never go there," the girl shouted back. "They don't give trading stamps."

trading stamps	경품교환권
stalled	오도 가도 못하게 된
volunteer aid	도움을 자청하다
lament	애석해하다, 슬퍼하다
rear	뒤, 배후
readily	기꺼이, 쾌히
exhausted	지친, 기진맥진한
filling station	주유소

walk up to	~에 다가오다
out of	~이 떨어진
put their muscles	힘을 내다, 기운을 내다
turn in	들르다

영문법 해설

결과, 정도, 목적을 나타내는 부정사의 관용구들을 살펴볼까요.
only to~(~하지만 결과는), never to(결과는 ~하지 않는), too⋯ to~(너무 ⋯하므로 ~않다), enough to~(~할 만큼), in order to~(~하기 위하여), so as to(~하도록)
그럼 예문을 살펴보겠습니다.

ⓐ He tried. But he failed.

  → He tried only to fail.

  그는 시도해보았지만 실패했다.

ⓑ The car is very costly. I cannot buy it.

  → The car is too costly for me to buy.

  그 차는 너무 비싸서 살 수 없다.

경품교환권

한 아름다운 젊은 여자가 꼼짝하지 않는 차 안에 앉아서 도움을 기다리고 있었다. 청년 두 명이 다가와서 도와주겠다고 말했다.

"휘발유가 떨어졌어요," 그녀는 말했다. "주유소까지 좀 밀어줄 수 있어요?"

그들은 기꺼이 차 뒤로 가서 힘을 내어 몇 블록 밀었다. 잠시 후 한 사람이 지쳐서 고개를 드니 방금 주유소를 하나 지나친 것이었다. "왜 저기에 들어가지 않았죠?" 그는 물었다.

"저 주유소에는 절대로 가지 않아요," 여자가 대답했다. "저기서는 경품교환권을 안 준단 말이예요."

문제 풀기

1. 다음 두 문장을 한 문장으로 바꾸어 쓰세요.

① The politician was very ill. So he was not told of his defeat in the election.

_____

② He went to India. He never returned.

_____

③ This book is very easy. Children can read it.

_____

④ He got up early. He wanted to catch the first train.

_____

2. 다음 두 문장의 뜻이 같아지도록 (   ) 안에 적당한 단어를 넣으세요.

① You are so old that you should mind your manners.

You are old (   ) (   ) behave yourself.

② He was kind enough to show me the way.

He was (   ) kind as to show me the way.

③ You ought to know (　　) than to do such a mean thing.

　You ought to be wise enough (　　) to do such a mean thing.

1. ① The politician was <u>too</u> ill for him <u>to</u> be told of his defeat in the election.

　　그 정치인은 너무나 몸이 아파서 그에게 선거에서의 그의 패배를 말할 수 없었다.

　② He went to India <u>never to</u> return.

　　그는 인도에 가서 결코 돌아오지 않았다.

　③ This book is very easy <u>enough</u> for children <u>to</u> read.

　　이 책은 너무 쉬워서 어린 아이들도 읽을 수 있다.

　④ He got up early <u>in order to</u> catch the first train.

　　그는 첫 기차를 타기 위해 일찍 일어났다.

2. ① 너는 예의 있게 행동할 수 있는 나이가 됐다.

　　so old that~=old enough to+동사

　② 그는 친절하게도 나에게 길 안내를 해주었다.

　　be kind enough to+동사=be kind as to+동사=친절하게도 ~하다

③ 이런 비열한 것을 할 정도로 어리석어서는 안 된다.

know better than to+동사=be wise enough not, so foolish as to+동사

=~할 만큼 어리석지는 않은, 현명하기 때문에 ~하지 않다

① enough, to ② so ③ better, not

If there were only some shorter and more direct route to the devil, is would save a awful lot of sorrow and anxiety in this world.

- Frank McKinney Hubbard(American humorist)

악마에게로 가는 보다 빠른 지름길이 있다면 이 세상에서는 엄청나게 많은 슬픔과 근심이 줄어들 것이다.

- 프랭크 매키니 후바드(미국 유머리스트)

25일

관계대동사+전치사

Invitations

A two-fisted shop owner named Pat Murphy sometimes received invitations to the parties and sometimes was left out. When one of the victory parties to which he had not been invited came off, Pat was almost the first man to appear.

"Why, Pat," said one of his friends. "How come you're here? I understand you were not invited."

"I know it" smiled the Irishman as he reached for a mug of beer and a sandwich, "but I thought I'd show up just the same, to prove I wasn't mad at not being asked."

two-fisted   힘센, 정력적인

mug   조끼

leave out   빼놓다

victory party   승리 축하 파티

come off   행해지다, 실현되다

show up   나타나다

just the same   여전히, 마찬가지로

mad at   ~에 화난

영문법 해설

질문을 하나 드리겠습니다.

'네가 말하던 책'을 영작하면 the book you were talking이 맞는 표현일까요? 아니지요. '네가 말하던 책'은 'the book about which you were talking' 'the book you were talking about' 또는 'the book which you were talking about' 라고 쓸 수 있지요.

관계대명사가 전치사의 목적어로 되어 있을 때에는 몇 가지의 사용법이 나오는 것이 보통입니다. 이 같은 내용의 문장을 찾아봅시다.

이것이 내가 찾던 책이다.

This is the book for which I was looking. ——— ⓐ

which I was looking for. ——— ⓑ

that I was looking for. ——— ⓒ

I was looking for. ——— ⓓ

that 앞에 전치사를 놓을 수는 없기 때문에 for that I was looking은 잘못된 문장입니다. 현대 영어에서는 ⓓ이 가장 일반적입니다.

같은 원리로 '빌려주신 영문 소설'은 'the English novel which(or that) I borrowed from you' 라고 쓸 수 있습니다. 이 경우 which나 that은 borrowed 의 목적어가 됩니다. 제한적 용법 중에서 목적격의 관계대명사는 생략하는 경우가 많기 때문에 이 경우에도 which나 that은 생략해도 상관없습니다.

초대

팻 머피라고 하는 정력적인 상점 주인은 파티에 초대받을 때도 있고 초대 받지 못할 때도 있었다. 자신이 초대받지 않은 한 승리 축하 파티에 팻은 제일 먼저 나타났다.

"이런, 팻" 한 친구가 말했다. "여길 어떻게 왔나? 자넨 초대를 받지 않은 걸로 아는데."

"나도 알고 있네" 이 아일랜드 남자는 웃으면서 맥주와 샌드위치를 집었다. "하지만 내가 화가 난 것이 아니란 것을 보여주기 위해서라도 여전히 참석해야 한다고 나는 생각했다네."

문제 풀기

다음 문장을 영작해 보세요.

1. 이것이 어제 당신이 말하던 책입니까?

_____

2. 빌려주신 영어 소설은 나에게는 너무 어려웠기 때문에 결국 읽지 못했습니다.

_____

[정답]

1. Is this the book you were telling me **about** yesterday?

2. The English novel(which(or that)) I borrowed **from** you was too difficult for me to read through.

 Mosqutoes were using my ankles for filling stations.

- Cornelia Otis Skinner(American actress)

모기들은 내 발복을 주유소로 이용하고 있었다.

- 코르넬리아 오티스 스키너(미국 여배우)

26일

최상급 고쳐 쓰기

Most Difficult Operation

The French, English and Russian doctors were discussing difficult operations.

"Brain surgery is the most difficult," said the Frenchman.

"Heart surgery gives me the most trouble," said the Englishman.

"I," said the Russian, "think a tonsillectomy is more difficult than either."

"Tonsillectomy?" asked the other two.

"Yes," said the Russian. "People in Russia have to keep their mouths shut, and we doctors have to perform the operation through the ear."

operation	(질환에 대한) 수술
brain	뇌
surgery	외과수술
heart surgery	심장수술
tonsillectomy	편도선
perform the operation	수술하다

 영문법 해설

최상급의 영문을 5가지 형식으로 고쳐 보겠습니다.

He is the tallest boy in his class.

① He is taller than any other boy in his class. 〈비교급〉

② He is taller than (all) the other boys in his class. 〈비교급〉

③ No other boy in his class is taller than he. 〈비교급〉

④ No other boy in his class is so tall as he. 〈원급〉

⑤ He is as tall as any boy in his class. 〈원급〉

첫 번째 문장을 살펴보지요. 영어에서는 언제나 단수와 복수 중 어느 것을 써야 하는지 신경을 써야 합니다. taller than any other 다음에 온 명사는 단수일까요, 복수일까요?

'비교급+than any other+단수명사' 는 공식화해서 외워두는 것이 좋습니다. 그럼 두 번째 문장을 보죠. 'taller than(all) the other+복수명사'로 이번에는 복수명사로 표현합니다. 이부분도 공시화해주는 것이 좋겠지요. 최상급 표현에서 단수명사와 복수명사 사용은 쉽게 헷갈리는 부분이니까 꼭 기억해 두세요.

프랑스인, 영국인 그리고 러시아인 의사들이 어떤 수술이 가장 힘든지에 관해서 이야기하고 있었다.

"뇌수술이 가장 힘든 것 같아요," 프랑스인이 말했다.

"나는 심장수술이 가장 어려운 걸요," 영국인 의사가 말했다.

"나는," 러시아인은 말했다, "무엇보다도 편도선 수술이 가장 힘들다고 생각하는데요."

"편도선 수술이라고?" 두 사람이 똑같이 물었다.

"그렇소," 러시아인은 말했다. "러시아 사람들은 입을 다물고 살아야하기 때문에 우리 의사들은 귀를 통해서 수술을 해야 한단 말이오."

다음 문장에서 문법적으로 올바르지 못한 표현을 골라보세요.

1. A recent poll has indicated ⓐ that Harold is considered brighter ⓑ than any student ⓒ in the senior class ⓓ at the South Palmetto High School.

2. Although Niagara Falls in the ⓐ United States is not as high than ⓑ Angel Falls in Venezuela, more tourists visit Niagara Falls because it is ⓒ more accessible ⓓ.

[정답과 해설]

1. 최근의 한 여론조사에서 해럴드는 남부 팔메토 고등학교의 상급반에서 가장 총명한 학생으로 드러났다.

   ⓒ any student는 any other student로 고쳐야 합니다.

2. 미국의 나이아가라 폭포는 베네주엘라의 엔젤 폭포만큼 높지는 않지만, 훨씬 접근하기 쉽기 때문에 더 많은 관광객들이 방문한다.

   ⓑ 'as~ as' 의 부정은 'not as~ as' 나 'not so~ as' 모두 사용 가능하지만 후자를 더 많이 사용합니다. than을 as로 수정해야 합니다.

Self-preservation is the first law of nature; so says Blackstone, and he is the best judge of law.
- Josh Billings(American humorist)

자기 보존은 자연의 제1의 법칙이라고 블랙스톤은 말했는데 그는 법에 대한 최고의 권위자이다.

- 조시 빌링스(미국 유머리스트)

27일
전치사 toward & for

The sergeant took Kowalski, the rookie patrolman, to his beat and directed, "you see that red light away up the street? You cruise between here and that light."

Kowalski did not show up at precinct headquarters for a week. When he finally did, Kowalski was disheveled and in a state of exhaustion.

"Where in the world have you been?" asked his superior.

"Sergeant," said the rookie, "you know that red light you showed me? Well, that was on a truck headed for Baltimore!"

the rookie patrolman	풋내기 순경
sergeant	경사
beat	순찰구역, 활동범위
cruise	순찰하다
precinct	관할구역
be disheveled	헝클어지다
a state of exhaustion	기진맥진한 상태

head for	~로 향하다
show up	나타나다(=appear)

영문법 해설

다음 (   )에 적당한 전치사는 무엇일까요?

① He is leaving Seoul (   ) New York.

② They made (   ) the gate of the city.

toward는 '~쪽으로' 라는 방향을 나타내고 to는 '~로' 라고 도착지점을 나타내는 것이 원칙입니다. for는 start, leave 등과 함께 사용해서 '~을 향하여' 라고 목적지를 가리킵니다.

예문을 함께 볼까요?

ⓐ I see a girl walking toward me.

한 여자가 내 쪽으로 걸어오고 있는 것을 봤다.

주의한 것은 toward는 전치사 to와 달리 목적지에의 도착을 뜻하지는 않는다는 것입니다. 다만 운동의 방향이나 경향을 나타낼 뿐입니다.

ⓑ I take a walk to the school ground in the morning.

나는 아침에 학교 운동장까지 산책을 한다.

이 문장에서 학교 운동장은 종점이자 목적지가 되므로 전치사 to를 사용합니다.

ⓒ The couple started for New York.

그 부부는 뉴욕을 향해 출발했다.

ⓓ The set saild for the Antarctic.

그들은 남극을 향해 출범했다.

set sail도 '출범했다'의 뜻을 가지지만 '~을 향해'라고 할 때는 for와 함께 사용합니다.

그럼 문제의 정답을 찾아볼까요?

①도 ②도 '~을 향해서'라는 것을 나타내야 하므로 for를 사용합니다. leave A for B하면, 'A를 떠나 B로 향하다'로 해석하면 됩니다. ②의 for는 make와 같이 써서 역시 '~를 향해 나아갔다'란 뜻입니다.

경사는 풋내기 순경인 코왈스키를 그의 순찰구역으로 데리고 가서 지시했다, "자네 길 저쪽에 있는 빨간 불이 보이지? 자네는 이곳과 저 불 사이를 순찰하게."

코왈스키는 1주일 동안 경찰서에 나타나지 않았다 마침내 나타난 코왈스키는 헝클어지고 기진맥진한 상태였다.

"도대체 자넨 어디에 있었던 거야?" 그의 상사가 물었다.

"경사님," 풋내기는 말했다, "경사님이 저에게 알려준 그 빨간 불 있죠? 근데 그 불은 볼티모어로 가는 트럭 불이었다구요!"

1. 다음 (   ) 안에 적당한 전치사는 무엇일까요?

① The sun has sunk (   ) the horizon.

② He patted me (   ) the back.

2. 다음 문장을 완성시키는 알맞은 단어를 고르세요.

① DHC offers service to smaller towns not served _____ other

   major passenger carriers.

   ⓐ along   ⓑ to   ⓒ by   ⓓ beside

② _____ the recent high interest rates, most financial institutions

   reported no decrease in loan applications.

   ⓐ Unless   ⓑ Toward   ⓒ Through   ⓓ Despite

[정답과 해설]

1. ①은 해는 지평선 아래로 지므로 below the horizon이어야 하고 ②는 표면

   the back에 대하는 방향을 나타내는 on으로 하여 'on the back' 라 하면 '그는

   등을 쓰다듬었다' 의 뜻이 됩니다.

   장소를 나타내는 경우의 전치사는 on, over, under가 방향, 목적지 등을 나타

   내는 전치사는 toward, to, for 등이 있습니다.

① below

② on

2. ① DHC는 다른 주요 운송업체에 의해 서비스를 받지 못하는 작은 마을에 서비스를 제공한다.

not served는 분사로 smaller towns를 수식해 주고 있습니다. 과거분사가 명사를 수식할 때는 주로 뒤에 놓이며 '~에 의해서' 라는 의미를 나타냅니다. 의미의 행위주체를 의미하는 'by+명사' 가 따라오게 됩니다. 따라서 정답은 by가 됩니다.

② 최근의 높은 이자율에도 불구하고 대부분의 금융기관에서는 대출 신청에 있어 어떠한 감소도 보고하지 않았다.

the recent high interest rates가 명사구이므로 앞에는 전치사가 들어가야 합니다. '~임에도 불구하고'라는 양보의 뜻을 나타내는 것은 despite가 됩니다. 'if~ not'은 접속사로 'toward'는 '~를 향해'라는 뜻의 전치사이고 through는 '~를 통해서' 라는 의미의 전치사입니다.

①. ⓒ ②. ⓓ

A capacity for self-pity is one of the last things that any woman surrenders.

- Irvin Shrewsburry Cobb(American journalist)

자기 자신을 불쌍하게 여기는 능력은 어떤 여자든지 절대 버리려고 하지 않는 것들 중의 하나이다.

- 어빈 쉬루즈벤리 콥(미국 언론인)

28일

you had better 문형 살피기

Absent-minded Boss

George is serving a very absent-minded boss in the company.
One day he was much surprised to see that his boss was wearing
his shoes of different color.

"You have odd shoes on, one is brown and the other is black,
sir. You'd better go back home and change, sir," the secretary
advised gently.

And the head of company replied after thinking a short while,
"What on earth will it be useful? At home there are still one
brown and one black."

absent-minded	정신이 나간, 넋이 나간
have odd shoes on	구두를 짝짝이로 신다
advise	충고하다
gently	정중하게
what on earth	도대체

영문법 해설

'you had better+동사원형' 은 'It would be better for you to+동사원형' 으로 전환이 가능합니다.

'had better+동사원형' 의 had는 would be와 동일하므로 It을 주어로 할 때 에는 가정법의 'It would be better for… to~' 를 사용합니다.

'had better have+과거분사' 는 '~했으면 좋았을 텐데' 의 의미가 됩니다.

알맞은 예를 살펴보겠습니다.

ⓐ You had better start at once.

→ It would be better for you to start at once.

네가 곧 출발하는 편이 좋았을 텐데.

ⓑ You had better not have done so.

　→ It would have been better for you not to do so.

이런 일은 하지 않는 것이 좋았는데.

It would be에 이어지는 better 대신에 advisable, right를 사용해도 됩니다.

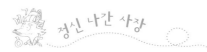

조지는 회사에서 아주 정신이 나간 사장을 모시고 있다. 어느 날 그는 사장이 색이 서로 다른 구두를 신고 있는 것을 보고 무척 놀랐다.

"사장님, 구두를 짝짝이로 신으셨네요, 한 짝은 갈색이고 다른 짝은 검정색인걸요. 집에 가서 바꿔신고 오셔야겠어요," 비서는 정중하게 충고했다.

사장은 잠시 생각하고 나서 대답했다, "그게 무슨 소용이 있겠나? 집에 가봐도 한 짝은 갈색이고 또 한 짝은 검정색인걸."

문제 풀기

각 문장을 지시에 따라서 바꾸어 쓰세오.

1. It would have been better for you to have scolded him.

   (you를 주어로 해서)

   _____

2. It would be better for you not to let him know the truth.

   (you를 주어로 해서)

   _____

3. Wouldn't it be a good thing for us to start right away?

   (had better를 사용해서)

   _____

[정답과 해설]

1. You had better have scolded him.

   네가 그를 꾸짖는 편이 좋았을 것을.

2. You had better not let him know the truth.

3. Hadn't we better start right away?

Life is perhaps the only riddle that we shrink from giving up.

- William Schwenck Gilbert(English humorous poet)

인생은 어쩌면 우리가 포기하는 것을 겁내는 유일한 수수께끼이다.

- 윌리엄 쉬왠크 길버트(영국의 유머 시인)

29일

would의 용법 살피기

A Verdict

Billings, the most-popular farmer in a Mississippi rural community, killed a worthless drifter during a quarrel. Being an honest man, Billings pleaded guilty to first-degree murder. The punishment would obviously be hanging. But the jury, all friends of his, determined to save him in spite of himself. They brought in a verdict of not guilty.

"How in the world," said the judge, "can you bring in such a verdict when the defendant has pleaded guilty?"

"Well, Your Honor," said the foreman, "the defendant is such a liar that we can't believe him."

drifter	떠돌이
verdict	평결
plead guilty	죄상을 인정하다
first-degree murder	일급살인
punishment	형벌
obviously	명백히
defendant	피고
foreman	배심원

in spite of	~에도 불구하고(=notwithstanding)

영문법 해설

would 용법에 대해 확인해 봅시다.

밑줄 친 would와 같은 용법은 어느 것일까요?

Some lies are part of everyday social life, and society <u>would</u> be in an extremely uncomfortable situation without them.

ⓐ He <u>would</u> sit for hours reading a novel.

ⓑ If I had wings, I <u>would</u> fly to you.

ⓒ Did you know when he <u>would</u> be back?

ⓓ I offered him some money, but he <u>would</u> not take it.

문제의 문장 중 without them은 without lies(거짓말이 없다면)이란 조건을 나타냅니다. 그러니까 would는 가정법 과거에서 쓰이는 것으로 '만일 거짓말이 없다면 사회는 몹시 불편한 지경에 빠질 것이다.' 라는 내용입니다.

ⓐ는 '그는 소설을 읽으면서 몇시간을 앉아 있곤했다.' 로 과거의 습관을 나타내고 ⓒ의 would는 will의 과거형으로 쓰였습니다. ⓓ는 '나는 그에게 약간의 돈을 받으라고 주었지만, 그는 한사코 그것을 받으려 하지 않았다' 로 해석이 되므로 여기서 would는 not과 함께 쓰여 refused to(take it)란 뜻으로 쓰입니다. '~하길 거절했다' 의 과거형이 되겠습니다. 그러면 답은 ⓑ가 되겠군요.

어떤 판결

미시시피의 한 시골에서 가장 유명한 농부인 빌링스가 말다툼을 하다가 별볼일 없는 떠돌이를 하나 죽였다. 빌링스는 정직한 사람이었기 때문에 일급살인을 했다고 자수를 했다. 그는 교수형에 처해질 것이 뻔했다. 그러나 모두 그의 친구들인 배심원들은 그가 자백을 했음에도 불구하고 그를 구하기로 결정했다. 그들은 무죄라는 평결을 내렸다.

"도대체 어떻게 해서," 판사는 말했다, "당신들은 피고 자신이 유죄라고 말하는데도 이런 판결을 내릴 수가 있단 말이오?"

"그게요, 판사님," 배심원은 말했다, "피고가 너무 거짓말쟁이라서 그의 말을 믿을 수가 있어야 말이죠."

 문제 풀기

다음 문장을 완성시키는 알맞은 표현을 골라보세요.

1. _____ that I were a bird!

ⓐ Would　　ⓑ Wished　　ⓒ Might　　ⓓ Should

2. If I _____ a mayor, I would make the streets cleaner and hire more policemen.

ⓐ am　　　ⓑ were　　　ⓒ would be　　　ⓓ be

[정답과 해설]

1. 내가 새라면 좋겠는데!

　Would that I were a bird. = I am sorry that I am not a bird.

2. 만일 내가 시장이라면, 거리를 더 청결하게 하고 경찰관도 더 많이 채용하겠다.

　'If+주어+동사의 과거(be 동사인 경우 were), 주어+would(should, might, could)+동사의 원형' 의 가정법 문장입니다.

1. ⓐ　　2. ⓑ

Satire is a lonely and introspective occupation, for nobody can describe a fool to the life without much patient self-inspection.　　- Frank Moore Colby(American editor)

풍자는 고독하고 내성적인 작업이다. 그럴 것이 바보를 생생하게 묘사하려면 자기 자신을 끈질기게 관찰하는 수밖에 없기 때문이다.

- 프랭크 무어 콜비(미국 편집자)

30일
직접화법과 간접화법

Bank Cashier's Pleading

The burglars had tied and gagged the bank cashier after extracting the combination to the safe and had herded the other employees into a separate room under guard.

After they rifled the safe and were about to leave the cashier made desperate pleading noises through the gag. Moved by curiosity one of the burglars loosened the gag.

"Please!" whispered the cashier, "take the books, too or I'm $6,500 short."

cashier	출납원, 회계원
pleading	애원
burglar	강도
gag	재갈을 물리다
extract	캐내다, 알아내다
combination	맞추는 번호
safe	금고
herd	(사람을)모으다, 모이다
employee	고용인, 직원들
rifle	약탈하다
curiosity	호기심
loosen	느슨하게 하다, 풀어주다
books	장부
be about to	막 ~하려고 하다

영문법 해설

직접화법의 명령문을 간접화법으로 전환할 때는 전달동사를 tell, ask, order, command, forbid, advice, beg로 고친 후, 명령문의 내용을 '목적어+to+동사원형'의 형식으로 고치면 됩니다.

예문을 살펴보겠습니다.

ⓐ I said to him "Come at once."

→ I told him to come at once.

나는 그에게 즉시 오라고 했다.

ⓑ The officer said to his men, "Stay where you are."

→ The officer commanded his men to stay where they were.

장교는 부하들에게 그들이 있는 곳에서 머물도록 했다.

ⓒ The old man said to me "Please help me with this luggage."

→ The old man asked me to help me with that luggage."

노인은 그 수하물 시중을 들어달라고 했다.

추가적으로 설명하자면 명령문에 please가 있을 때는 전달동사는 ask나 beg를 씁니다.

ⓓ The doctor said to me "Don't overeat yourself."

→ The doctor advised me not to overeat yourself."

의사는 나에게 과식하지 않도록 권했다.

부정명령문일 때는 간접화법의 부정사 앞에 not을 붙이면 됩니다. 부정사를 부정할 때는 부정사 앞에 not을 붙이면 되기 때문입니다. 충고의 의미일 때는 전달동사는 advise를 씁니다.

ⓔ He said to us, "Let us play baseball."

→ He suggested (to us) that we should play baseball.

그는 우리들에게 야구를 하도록 권했다.

'~합시다' 는 제안의 뜻을 표시하므로 전달동사는 suggested나 proposed 로 놓고 전달내용에는 that의 절로 should를 삽입해 줍니다.

ⓕ He said to me, "You had better go to the seaside."

→ He advised me to go the seaside.

그는 나에게 바닷가에 갈 것을 권했다.

피전달문의 had better가 오면 전달동사는 advised를 씁니다.

ⓖ He said, "Let me go and say good-bye to John."

→ He asked to be allowed to go and say good-bye to Hohn.

그는 존에게 가서 작별인사를 할 수 있게 해달라고 부탁했다.

허가를 구하는 형식일 때는 전달동사는 asked to be allowed로 하고 to+ 원형부정사로 바꿉니다.

ⓗ He said to the gentleman, "Don't smoke here."

→ He forbade the genteman to smoke there.

그는 그 신사에게 거기서 담배를 피우지 말라고 했다.

forbid는 피전달문이 부정문일 때 씁니다. 그런데 forbid는 그 자체가 '금 지' 의 뜻을 갖고 있기 때문에 전달 내용에서 do not을 붙이면 안 됩니다.

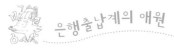

도둑들은 금고 번호를 알아낸 후 은행 출납계원을 묶고 재갈을 물렸으며 다른 직원들을 딴 방으로 몰아놓고 지키게했다.

도둑들이 금고를 약탈한 후 막 떠나려할 때 출납계원은 재갈물린 입으로 무언가 필사적으로 애원을 했다. 호기심이 나서 도둑 중 한 명이 재갈을 빼주었다.

"제발요!" 출납계원은 속삭였다, "장부도 가져가세요. 6,500달러가 부족해요."

다음 문장을 완성시키는 알맞은 표현을 골라보세요.

1. He suggested that we _____ go swimming after school.

    ⓐ would   ⓑ should   ⓒ could   ⓓ might

2. He _____ me to take a rest.

    ⓐ said   ⓑ taught   ⓒ advised   ⓓ said to

[정답과 해설]

1. 수업 후에 수영하러 가자고 그는 나에게 말했다.

    직접화법 He said to me, "Let's go swimming after school." 에서 온 구문입니다.

2. 그는 나에게 휴식을 취하는 편이 낫다고 했다.

    직접화법으로 바꾸면 He said to me, "You had better take a rest." 가 됩니다.

1. ⓑ   2. ⓒ

In love, one always begins by deceiving oneself, and one always ends by deceiving others; that is what he world calls a romance.   - Oscar Wilde(British wit)

사랑은 언제나 자기 자신을 기만하는 것으로 시작하여 남을 기만하는 것으로 끝난다. 그것이 세상이 이른바 로맨스라고 부르는 것이다.   - 오스카 와일드(영국 재사가)

웃으면서 끝내는
하하하 영문법 ❶

초판 인쇄 | 2007년 1월 15일
초판 발행 | 2007년 1월 20일

지은이 | 손봉돈
펴낸이 | 심만수
펴낸곳 | (주)살림출판사
출판등록 | 1989년 11월 1일 제9-210호

주소 | 413-756 경기도 파주시 교하읍 문발리 파주출판도시 522-2
전화 | 영업부 031)955-1350 기획편집부 031)955-1368
팩스 | 031)955-1355
이메일 | salleem@chol.com
홈페이지 | http://www.sallimbooks.com

ISBN 978-89-522-0597-1 04740
       978-89-522-0596-4 04740(세트)

값 6,800원